まるごとガイドシリーズ❾

資格のとり方・しごとのすべて

ケアマネジャー

[けあまねじゃー]
介護支援専門員
まるごとガイド

日本介護支援協会/監修

ミネルヴァ書房

はじめに

　介護保険制度は、保険というシステムを用いて、家族介護から社会資源による介護への転換をめざした、画期的な制度です。本人の自己決定の尊重、在宅重視などを柱とし、保健医療サービスと福祉サービスとを統合した点でも注目されます。

　この画期的な制度をいかにうまく機能させ、必要な介護サービスを必要なところに提供できるか、そのかぎを握るのがケアマネジャーです。法制上は「介護支援専門員」といい、新しく誕生した専門職です。ケアマネジャーは、利用者の生き方を尊重したうえで、専門家の視点で適切な介護サービス計画を立て、サービスを手配し、その人の生活の質を高める手助けをするので、十分な知識と技能が要求されます。福祉と保健医療の専門職が一定のキャリアを保持したうえ試験を受け、実務のための研修を受けてつくことができる仕事です。

　本書は、そのケアマネジャー（介護支援専門員）の仕事を具体的に知ってもらうための本です。テーマに即した解説と、実在のケアマネジャーを取材した記事を通して、この仕事の意義、職場での実際の働き方、やりがいや利用者との関係など、そして仕事につくまでの道筋を紹介しています。

　ケアマネジャーに興味を持ち、人とともに生きる喜びのある仕事がしたいと思っているあなたの、よいガイド役になればと願っています。

　将来に向けての課題はあります。介護保険の枠にとらわれない柔軟さも持ちながら、よりよいしくみがつくれるよう、ともに取り組んでいきましょう。

日本介護支援協会

もくじ

●プロローグ

STEP 1　この本を手に取ったあなたは、どんな人でしょうか？ ― 6
STEP 2　ケアマネジャーの実際の仕事ぶりを知ってください ― 8
STEP 3　専門職としての確かな知識と技術をまず身につけて ― 10

第1章　ケアマネジャーは介護サービスのコーディネーター

1　介護サービスを総合的に管理運営するマネジメントが仕事です ― 14
2　ケアマネジャーに必要なのはどんな資質？ ― 16
　　＜インタビュー1＞経営者にきく／笑顔が報酬と思える人が向いています …… 18
3　介護支援専門員は介護保険制度の中心的存在 ― 20
○　メモ1　介護保険が始まる前はどうだったの？ ― 23
4　介護支援専門員として仕事をするには実務研修の修了証明書が必要です ― 24
○　メモ2　国家資格って、どんな資格？ ― 26
●　立ち止まってチェック！
　　あなたは、ケアマネジャーになれる？ ― 27

第2章　介護サービスと利用者との接点で活躍します

1　指定居宅介護支援事業所で働く-1　利用者と向き合う ― 30

　　　　　　＜ルポ1＞利用者や家族と向き合う時間を大切にしたいか
　　　　　　ら、省けるところは省いて工夫する ……　34

　　　　　　＜ルポ2＞町の福祉事業から介護保険まで、定期的な会議で
　　　　　　一貫して調整し利用者に最適なサービスを
　　　　　　　　　　　　　　　　　　　……　38

　2　指定居宅介護支援事業所で働く−2
　　　介護保険制度の担い手として　—　42

　3　介護保険施設で働く　—　44

○　メモ3　ケアハウスやグループホームは介護保険施設？　—　47

　　　　　　＜インタビュー2＞介護保険施設で働くケアマネジャーに
　　　　　　きく／本人らしい生活へ向け継続した
　　　　　　ケアを　　……　48

○　メモ4　介護保険施設は必ず指定が必要なの？　—　51

　4　在宅介護支援センターやその他の事業所で働く　—　52

　　　　　　＜ルポ3＞ネットワークを駆使して地域のニーズを探り、
　　　　　　必要なサービスを作り上げる。それが本当の在
　　　　　　宅支援では　……　54

○　メモ5　これからの在宅介護支援センターの役割は？　—　58

●　立ち止まってチェック！
　　あなたはどんな職場で働きたい？　—　59

第3章　これまでのキャリアや所属で働き方は変わります

　1　どう生かせるの？　これまでの専門職としての経験　—　62

　　　　　　＜ルポ4＞利用者の生活を見る視点こそ、在宅リハビリテ
　　　　　　ーションに、そしてケアマネジメントに必要
　　　　　　　　　　　　　　　　　……　66

　　　　　　＜インタビュー3＞管理栄養士からケアマネジャーになっ
　　　　　　た人にきく／それぞれの専門性を共有
　　　　　　していきたい　……　70

　2　利用者に合わせて働き方は毎日変化します　—　72

　　　　〈ルポ5〉利用者の状況もプランも流動的。臨機応変に動いて大変さをやりがいに変える …… 74
　3　資格を取ることで給与や待遇に変化あり？ ― 78
　4　専門職としての誇り、精神的な満足度は？ ― 80
　5　いざ、仕事を探すには ― 82
　● 立ち止まってチェック！
　　ケアマネジャーの働き方がわかった？ ― 85

第4章　考えておきたい これからのケアマネジメント

　1　さらに進む「介護の社会化」 ― 88
　○ メモ6　介護保険の見直しって？ ― 91
　　　〈ルポ6〉町の制度を駆使して、要介護5の高齢者のひとり暮らしをサポート …… 92
　2　利用者も介護者も「自立」して対等に ― 96
　○ メモ7　セルフケアプランの可能性は？ ― 99
　　　〈インタビュー4〉ケア現場の大先輩にきく／ケアマネジャーを本来の専門的業務に …… 100
　3　介護はプロとボランティア、そして近親者がそれぞれの役割で ― 102
　　　〈ルポ7〉介護保険のサービスとNPO独自のサービスを組み合わせて、自立した対等な仲間同士で助け合う …… 104
　○ メモ8　これからのNPOの役割は？ ― 108
　● 立ち止まってチェック！
　　将来のケアマネジャーの姿が見えた？ ― 109

第5章 あなたに合った資格の取り方を見つけましょう

- 1　すでに専門職として働くあなたは ─ 112
- 2　まだ資格や経験のないあなたは ─ 114
- 3　実務研修受講試験はこんな試験 ─ 116
- 4　受験を決めたら、準備開始 ─ 120
- 5　ズバリ、受験勉強はここがポイント
    ①介護支援分野 ─ 122
- 6　ズバリ、受験勉強はここがポイント
    ②保健医療サービス分野 ─ 124
- 7　ズバリ、受験勉強はここがポイント
    ③福祉サービス分野 ─ 126
    <インタビュー5＞受験対策セミナーの講師にきく／制度
    全体をつかみ現場に即した勉強を
    …… 128
- ○　メモ9　最新情報を手軽に入手できないの？ ─ 131
- 8　合格したら実務研修を受講します ─ 132
- ●　立ち止まってチェック！
    あなたは、いま、どの段階？ ─ 134

●役立ち情報ページ

介護支援専門員実務研修受講試験受験資格一覧 ─ 136
問い合わせ先一覧 ─ 142
就職先を探すリスト ─ 145
　　○福祉重点ハローワーク　○福祉人材センター　○福祉人材バンク

プロローグ

STEP 1 この本を手に取ったあなたは、どんな人でしょうか？

あなたは、いまどんな仕事をしているのでしょうか。すでに介護保険施設や在宅介護の現場で働いている人なら、ケアマネジャーは身近な存在ですね。病院の医療職として働くうちに、ケアマネジャーに関心を持った人でしょうか。それなら、名前は知っていても、その実態は把握できていないかもしれません。以前専門職として働いていたけれど、いったん家庭に入り再就職の道を探っている主婦や、よりやりがいのある転職先を探しているサラリーマンでしょうか。または、まだ進路を決めかねている学生でしょうか。その場合は、「介護」という文字に興味をひかれ、何となくこの本を手に取ってくれただけかもしれませんね。

ケアマネジャーや介護支援専門員についてよく知っているという人も、初めて知ったのはそれほど前のことではないはずです。「子どものときから、ずっと介護支援専門員になりたいと思っていた」という人は、存在しないでしょう。それというのも、これは2000年4月に介護保険制度が始まるにあたって、注目されるようになった仕事であり、新しくできた資格だからです。

ケアマネジャーとは、ケアを必要とする人の相談に乗って、その

人にとっていちばんよい形でケアを受けられるように、総合的に支援し、マネジメントをする仕事です。ケアマネジャーに相談すれば、あちこちの窓口をたらいまわしにされることなく、適切なケアを受けられます。このようなケアマネジャーの存在の重要性は、以前から専門家の間では論議されていました。そこで、介護保険制度のなかでのケアマネジャーとして、介護支援専門員の役割が生み出されたわけです。この本で取り上げるのは、おもにこの介護保険制度におけるケアマネジャーです。

「ケアマネジャーっていったい何？」という人でも、心配はいりません。ケアマネジャーがどんな仕事かについては、第1章で詳しく説明しています。

　ケアマネジャーについてもっと興味がわいてきたら、第2章に進んでみましょう。ケアマネジャーが、どんな職場で、実際にどんな仕事をしているのかが詳しくわかります。さらに第3章では、ケアマネジャーの勤務形態や給料、専門性などについて紹介しています。じっくり読んで、ケアマネジャーとはいったいどんな仕事なのかを把握してください。

STEP 2

ケアマネジャーの実際の仕事ぶりを知ってください

在宅

居宅介護支援事業所
所長
吉田光子さん
→ルポ1

NPO法人の居宅介護支援事業所
竹内ひろみさん
→ルポ7

診療所・訪問看護ステーション
リハビリテーション部部長
伊藤隆夫さん
→ルポ4

町営医療福祉センター
紺野寿子さん
→ルポ2

ケアセンター
所長
野上薫子さん
→インタビュー4

受験対策セミナー講師
林和美さん
→インタビュー5

民間の高齢者総合サービスセンター
佐藤光子さん
→ルポ5

ケアマネジャーのおもな活躍の場は、在宅ですごしたいと願う人の相談に乗り、在宅介護のケアプランを作成する居宅介護支援事業所です。また特別養護老人ホームのような介護保険施設や在宅介護支援センターでも、ケアマネジャーは大きな役割を果たしています。この本では、実在のケアマネジャーの仕事ぶりを見学し、話を聞いて、ルポやインタビューの記事にしています。さまざまな職場で活躍するケアマネジャーたちの姿を知ってください。

施設

介護老人
保健施設

支援相談員
加藤充良さん
→インタビュー2

特別養護老人
ホーム

後藤由美子さん
→インタビュー3

町営医療福祉
センター

技術主幹
千葉昌子さん
→ルポ6

施設・事業所

総施設長
竹田一雄さん
→インタビュー1

在宅介護支援
センター

センター長
平井俊圭さん
→ルポ3

ケアマネジャーの実際の仕事ぶりを知ってください

STEP 3 専門職としての確かな知識と技術をまず身につけて

　介護支援専門員の資格は、実はさまざまな専門職の人に、プラスする形で与えられる資格です。
　普通の資格と異なり、介護支援専門員になるためには、まず、福祉や保健医療の分野の専門職でなくてはなりません。具体的には、社会福祉士、介護福祉士、看護師などの国家資格を持ち、それらの専門職として一定以上の実務経験があるか、資格がない場合は相談援助業務や介護等の業務について十分な実務経験を持つか、これらのいずれかの条件を満たしている人が、介護支援専門員になることができます。介護支援専門員になるためには、まず、福祉あるいは保健医療分野の確かな知識と技術が求められるのです。
　介護支援専門員になるためには、実務研修受講試験に合格し、研修を受けなければなりません。必要な資格や試験の受け方について、詳しくは第5章を参照してください。国家資格はあるけれど実務経験が足りない人というは、がんばって実務経験を積みましょう。病院勤務などで在宅ケアが未経験の人は、この際訪問看護など、よりケアマネジャーの仕事に近い職場へ転職するといいかもしれません。資格も経験もないけれども、ぜひケアマネジャーになりたいという

人は、まず専門資格を取りましょう。自分がどんなケアマネジャーになりたいかを考えて、いちばん適した資格を選んでください。
　ケアマネジャーは、人とかかわる仕事です。ある人の人生に、ケアマネジャーほど身近にかかわれる仕事はそれほど多くはありません。この本に登場するケアマネジャーたちも、口をそろえてその喜びを語ってくれています。しかし、それは同時に、とても責任が重く大変な仕事だということでもあるのです。この本を読んでケアマネジャーの実際を知ったあなたは、ひょっとすると、しりごみしてしまうかもしれません。
　しかし、ケアマネジャーの仕事はまだ始まったばかりです。介護保険制度の見直しも予定されています。現場のケアマネジャーの力で、これからのケアマネジメントはどんどん変わっていくことでしょう。ケアマネジャーの果たす役割も当然変化していくはずです。その将来展望については、第4章で紹介しています。
　ケアマネジメントは、これから一人ひとりのケアマネジャーが確立していく仕事です。あなたも、そのひとりになってみたいとは思いませんか？

プロローグ　専門職としての確かな知識と技術をまず身につけて

```
         ┌─────────────┐
         │  プロローグ  │
         └──────┬──────┘
                │────── あなたはいまここ!!
                ▼       ケアマネジメント
┌───┐ ┌─────────────┐   の可能性が
│第1章│ │ 資格のあらまし│   わかった
└───┘ └──────┬──────┘
                ▼
┌───┐ ┌─────────────┐
│第2章│ │ 職場のいろいろ│
└───┘ └──────┬──────┘
                ▼
┌───┐ ┌─────────────┐
│第3章│ │   働く現実   │
└───┘ └──────┬──────┘
                ▼
┌───┐ ┌─────────────┐
│第4章│ │ 将来の可能性 │
└───┘ └──────┬──────┘
                ▼
┌───┐ ┌─────────────┐
│第5章│ │ 進路の選び方 │
└───┘ └─────────────┘
```

第1章

ケアマネジャーは介護サービスのコーディネーター

ケアマネジャーは、いったい
どんな仕事をするのでしょう。
介護保険制度や介護支援専門員の資格とは、
どんな関係があるのでしょう。
まず、ケアマネジャーの役割や位置づけを
知っておきましょう。

第1章

1.
介護サービスを総合的に管理運営するマネジメントが仕事です

●**在宅介護では、介護サービスのコーディネーターが必要**

　日本では現在65歳以上の高齢者の割合が18％を突破し、将来もその割合は増え続けると推測されています。介護の必要性がますます増加するなかで、家族だけで介護を負担するのはとうてい無理な状況になってきました。しかし、それと同時に、介護が必要な状態になっても、できるだけ自宅や地域で暮らしたいと願う人は増えています。その願いをかなえるためには、地域福祉や医療サービスを充実させ、積極的に利用できるようにしていく必要があります。そこで、介護サービスの利用を総合的に支援し、管理運営するケアマネジメントの重要性が指摘されるようになりました。

　病院や施設に入院（入所）してしまえば、利用者の生活はすべてそのなかでまかなわれます。しかし、介護が必要な人が在宅で生活しようとすると、さまざまな介護サービスを組み合わせて利用する必要が出てきます。そのとき一般の人は、そもそもどんなサービスがあるのかわかりませんし、別々の業者がばらばらにサービスを提供すれば、本当に必要なものが得られなかったり、互いに矛盾するサービスが組み合わされてしまったりします。

　そういう事態を防ぎ、利用者が最適なサービスを受けられるようにするには、利用者の相談に乗り総合的にコーディネートする人が必要です。このコーディネーターがケアマネジャーで、コーディネート作業をケアマネジメントとよびます。

●**介護保険によって、ケアマネジャーが注目される**

　ケアマネジメントは、ケースマネジメントともよばれ、以前から社会福祉の研

給付管理
保険者から被保険者に対して支給されるサービス・金銭・現物を保険給付といい、介護保険では介護サービスがこれにあたる。その給付の実施状況や給付費用の確認などを行うことを給付管理という。

社会資源
ニーズを充足するための人材、資金、施設、制度などを総称していう。公的なものだけではなく、ボランティアなどインフォーマルなものも含む。

究者や介護の現場で働く人たちの間では、その必要性が認識されていました。それが2000年に介護保険制度が実施されるにあたって、一挙に注目されることになったのは、ケアマネジメントとケアマネジャーが制度のなかに組み込まれたからです。介護保険制度においては、ケアマネジメントは「介護支援サービス」、ケアマネジャーは「介護支援専門員」とよばれていますが、その本質は同じといってよいでしょう。

　介護保険制度では、介護支援専門員が行う介護支援サービスに対して報酬が払われます。このような相談援助業務が、公的な制度で報酬の対象として認められたのは、画期的なことでした。

　ただし、その役割がよく理解されないまま介護保険制度が始まったため、「ケアマネジャーとは介護保険で給付管理をする人」という誤解が広まっています。ケアマネジメントは、けっして介護保険のなかだけで成立するものではありません。この本では介護保険を中心に据えるものの、それだけに限定しない、広い意味でのケアマネジャーの仕事を紹介します。そこで利用者の相談に乗り、問題解決を手伝う仕事全般としては「ケアマネジャー」、特に介護保険の役割を担う資格をさすときには、「介護支援専門員」という名称を使って区別することにしています。

● 役割は、状況把握とプランニングに始まり連絡調整まで

　ケアマネジャーの仕事は、単純にサービスを組み合わせて手配し、費用を計算するというものではありません。

　ケアマネジャーの役割としては、まず深い専門知識と技術を用いて、利用者本人も気がつかないようなニーズを見出すことがあげられます。そして、その問題点を解決するために、あらゆる社会資源を活用して利用者の生活や健康状態を改善するためのプランを立てます。利用者にとって必要な社会資源がないときには、場合によっては各方面に働きかけて、社会資源を生み出すことも考えなくてはなりません。さらに、プランに沿ってサービスが行われるように、サービス担当者への連絡調整を行い、状況を見守るのもケアマネジャーの仕事です。

　このように、ケアについての総合的なマネジメントをケアマネジャーは求められているのです。

介護サービスを総合的に管理運営するマネジメントが仕事です

65歳以上人口割合の推計値

年	割合（％）
2000年	17.4
2010年	22.5
2020年	27.8
2030年	29.6
2040年	33.2
2050年	35.7

（資料：国立社会保障・人口問題研究所）

第1章

2. ケアマネジャーに必要なのは どんな資質？

●人権意識や責任感が求められる

　ケアマネジャーに求められるのは、どんな資質でしょうか。
　まずケアマネジャーには、人権を尊重する意識が必要です。援助はあくまで対等な人間として、困っている人に手を差し伸べるものです。優位な立場から「世話をしてあげる」などと人を見下した気持ちにならないようにしましょう。
　また、ケアマネジメントの主体は、あくまで利用者です。ケアマネジャーは自分の意見を強く押し出すのではなく、利用者の価値観を尊重し、利用者が自分の判断を下す手伝いをします。したがって、ケアマネジャーには、自分とは異なる考え方を受け入れ、理解しようとつとめる視野の広さが必要です。
　さらに、ケアマネジャーは他人の人生に深くかかわる仕事ですから、重い責任が問われます。自分のつごうで仕事を放棄すれば、利用者の生命や健康にかかわる可能性も出てきます。責任感が強いことはケアマネジャーになるための重要な資質といえるでしょう。
　ケアマネジャーは仕事上、利用者の健康状態や経済的な問題、家族状況などを知ることになりますが、職業上知り得た個人情報はしっかりと保護する義務があります。プライバシー尊重、秘密保護など、すべて人権尊重の意識がしっかりしていればあたりまえのことですが、やはり口は堅いほうがいいでしょう。また、利用者のプライバシーを必要以上に詮索(せんさく)しないように心がけることも大切です。
　マネジメント業務にはつきものですが、調整能力も必須です。家族やサービス担当者の間で意見が対立するようなとき、ケアマネジャーは特定の人に肩入れす

【ケアマネジャーに必要なスキルは？】

A 運転技術とパソコン操作は身につけておきたいもの。地域によっては利用者宅へ出向くのに車やバイクを使わざるを得ないこともある。また、給付管理にいまやパソコンは必需品。事務処理の手間が大幅に省ける。

ることなく、中立の立場で事態を観察し、利用者にとって最善の道を選ぶ手助けをしなくてはなりません。あまり感情的にならず、冷静で公平な判断を下せる人が向いています。

このようなケアマネジャーに求められることがらについては、『介護支援専門員基本テキスト』(P.116参照)に、「ケアマネジャーの基本倫理」として詳しく説明されています(図参照)。

●**分析能力やコミュニケーション能力も必要**

ケアマネジャーは人を手助けする仕事です。ボランティアなら役に立ちたいという気持ちだけでも感謝されますが、プロとしては、それだけでは足りません。専門家としての業務遂行能力が必要です。

ケアマネジャーは利用者の状況を詳しく調べて、アセスメント(課題分析)を行い、問題点を解決するための最適なケアプラン(介護サービス計画)を作成します。そのためには、まず医療や社会福祉について豊富な知識が必要です。

ただし、ケアマネジャーが何でも知っている必要はありません。基礎知識を身につけたうえで、必要なときにだれに聞けばよいのかをわかっていればよいのです。むしろ、さまざまな要素から状況を考慮して事態を把握する分析能力や、問題解決のために利用できる社会資源を探し出してきて、最適な計画を組み立てる応用力のほうが重要です。そのためには、最新情報に敏感で、向学心や好奇心を持ち続けることが大切です。

また、ケアマネジャーは多くの人と接してコーディネートする仕事です。利用者や家族から話を聞いて相談に乗ったり、サービス担当者との連絡や調整をするのが通常業務です。さまざまな人との信頼関係を保っていくためには、対人コミュニケーション能力に優れていたほうがいいでしょう。人の好き嫌いが激しく、それを表面に出してしまう人や、自分が言いたいことをなかなか言えずに、人のいいなりになってしまう人は、あまり向いているとはいえません。

このような能力は、生来の性格も影響しますが、勉強や訓練である程度身につけることができます。適性がないとあきらめず、足りないところがあればそれを補う努力をしましょう。

ケアマネジャーの基本倫理

(1) 人権尊重
(2) 主体性の尊重
(3) 公平性
(4) 中立性
(5) 社会的責任
(6) 個人情報の保護

(資料:『改訂介護支援専門員基本テキスト』第1巻第2編 介護保険と介護支援サービスより)

〈インタビュー1〉

経営者にきく

笑顔が報酬と思える人が向いています

話をきいた人●竹田一雄さん(若竹大寿会総施設長)

——ケアマネジャーに向いているのはどんな人ですか。

　ケアマネジャーというと、狭い意味と広い意味がありますよね。介護保険の計算業務をこなすだけなら、事務能力があればいいでしょう。しかし、本来の意味でケアマネジメントを考えるなら、その人の人間性が問われます。人が好きで、人の役に立ちたい人。人の笑顔がうれしくて、それが報酬だと思える人。そんな人でないと、この仕事には向きません。ですから、頭でっかちで「これからの時代はこういう仕事がすごく重要で」という観念論で仕事をしようとする人は、うちでは採用しません。それから、いばらないこと。きちんとした言葉づかいで話せること。まあ、このあたりは普通に人として求められることであって、ケアマネジャーとして特別なことではありませんが。

——すると、「私はケアマネジャーだから勉強してて資格があるのよ」というような人は…。

　論外ですね。ただ、勉強家であることは必要です。たとえば福祉系の人たちは、疾病のことをよく勉強しないといけない。思いやりだけじゃ人は助けられませんから。医療系の人ですと、福祉のしくみの勉強が必要です。世の中にはさまざまな社会制度があります。たとえば精神障害だったらこういうしくみ、身体障害だったらこういうしくみというような。それから、地域のしくみや行政のしくみ。そのあたりを勉強していかなくてはいけない。

──性格はどうでしょう。

相談業務をするからには、性格があまり暗い人は困りますね。いっしょに相談していたら、どんどんどんどん暗くなっちゃう。いくら深刻な相談をしているからといって、最後は死にましょうかなんてことになると困るわけで（笑）。やっぱり明るさが欲しい。

──プロのケアマネジャーとして、どういうことをめざせばよいのでしょう。

介護の世界全般でプロフェッショナルの意味を考えると、ただおむつを替えますというのはプロではなく、単なる家族の役割の代理です。私たちが世話をすることによって、その人の生死も含めて状態が変わっていく、ということがプロとしての仕事だと思います。

それから、プロはご利用者やご家族を裁いてはいけない。この仕事をしていると、ずいぶんひどい人に出会うこともあります。しかし、だれからも見放されるような困った人こそ、私たちが助けなくてはならない。病院の医者は、救急車で運び込まれた人が社会の役に立つから助けるなんて言いませんよね。いい人でなければ助けない、とは言わない。プロとして助けを求める人にかかわることで、その人や家族の状態が変わっていく。それがプロとしてのやりがいだと思います。

──しかし、現実には制度の制約などで、限界があるのでは？

確かに、みなさん壁に突き当たっています。一生懸命やればやるほど、やれないことが見えてくるんです。しかし、人間がだれかの役に立てることは、一生かかってそんなにあるわけじゃない。自分の人生をかけて1人の役に立てればラッキーだと考えれば、そんなに絶望感にうちひしがれることはありません。

大事なポイントは、制度がだめだからできないとばかりいうのではなく、まずやれることからやることです。社会や人間というものは制度よりはるかに複雑で、制度なんて永遠に不備ですから。不満をいうより、やれることをやる。

それから現実問題として、どういうケアマネジャーになりたいかよりも、どういう事業所を選ぶかが重要です。ノルマ主義や関連サービス提供事業所の売上ばかり気にしている事業所で、自分の望んでいるようなケアマネジメントをしようと思っても、個人の努力では絶対にできません。職場を選ぶことが大切ですね。

（取材は2001年6月）

たけだ　かずお
1952年神奈川県生まれ。横浜国立大学工学部修士課程修了。14年間のメーカー勤務などを経て現職。施設・居宅サービス、介護支援事業を展開。98年介護支援専門員資格取得。

第1章

3. 介護支援専門員は介護保険制度の中心的存在

●介護を社会全体で担うために始まった介護保険制度

　4人に1人が高齢者という社会では、介護は特定の人ではなく、国民全体の問題となってきます。しかも核家族があたりまえの現在では、それを個人や家族だけで支えることは不可能です。介護は社会全体の問題であり、すべての人で支えていくものとなってきました。

　そこで介護を社会で支える手段として、2000年4月に介護保険制度が始まりました。これは社会保険であり、被保険者から保険料を徴収し、介護サービスを給付するというしくみです。被保険者は、65歳以上の人（第一号被保険者）と、40歳以上で医療保険に加入している人（第二号被保険者）です。被保険者は、たとえ介護サービスが必要な状態でなくても、居住地の市町村に保険料を納めます。そして、いざ介護が必要になったときには、市町村に要介護認定を申請します。

　要介護認定の申請があると、調査員が利用者宅を訪問し、認定調査が行われます。認定調査の結果は審査会にかけられ、自立、要支援または要介護1～5と判定されます。自立とは介護の必要がないということで、要支援とは、介護が必要とまではいえないものの、一部のサービスを利用すれば介護が必要な状態になることを予防できると判断された状態です。

　要支援または要介護1～5と判定されると、その段階に応じた限度額の範囲内で、介護サービスを利用できます。費用の90％は介護保険から支払われ、利用者は残りの10％を自己負担として支払います。

　ただし、40歳以上65歳未満の第二号被保険者の場合、介護保険が適用される

【介護保険の給付の種類は?】

A 要介護者への介護給付、要支援者への予防給付、要介護者または要支援者に対して市町村が条例で定める市町村特別給付がある。

のは、パーキンソン病、慢性関節リウマチなど、加齢による特定の疾病により介護が必要になったと認められる場合のみです。

●「連絡調整役」であり「援助者」である介護支援専門員

　介護保険法では、介護支援専門員とは「要介護者等からの相談に応じ、及び要介護者等がその心身の状況等に応じ適切な居宅サービス又は施設サービスを利用できるよう市町村、居宅サービス事業を行う者、介護保険施設等との連絡調整等を行う者であって、要介護者等が自立した日常生活を営むのに必要な援助に関する専門的知識及び技術を有するものとして政令で定める者」とされています。つまり、介護が必要な人からの相談に乗って、適切なサービスを受けられるように連絡や調整をする専門家ということです。

　介護保険制度のなかで、介護支援専門員は次のような役割を担っています。

(1) 要介護認定調査

　介護が必要な度合いを認定するための認定調査を実際にだれが行うかは市町村によって異なります。しかし、現在多くは指定された民間機関に委託され、介護支援専門員が実施しています。要介護認定は3か月から1年の間に更新されることになっているため、その事務手続きは、介護支援専門員の仕事でかなり大きな割合を占めています。

　なお、認定調査を行うためには、介護支援専門員の実務研修とは別に、要介護認定に関する研修を受講しなくてはなりません。ただし、最近では通常、実務研修のなかで要介護認定に関する研修が同時に行われています。その場合は、実務研修を修了すれば、認定調査を行うことができます。

(2) 相談に応じケアプランを作成する介護支援サービス

　利用者を総合的にサポートする、介護支援専門員の仕事として、もっとも大切な部分です。

　ケアプラン作成を業務として請け負えるのは介護支援専門員だけです。どんな介護サービスを利用するかは、利用者が自分自身で計画を立てるこ

要介護・要支援認定区分

区分	本人の状態		区分支給限度基準額（在宅・月額）
自立	自分で動けるので、当面介助の必要がない		―
要支援	要介護にならないための支援が必要		61,500円
要介護1	排泄、入浴、清潔、整容、衣服の着脱などに	一部介助などが必要	165,800円
要介護2		一部介助または全介助が必要	194,800円
要介護3		全介助が必要	267,500円
要介護4		全般にわたって全介助が必要	306,000円
要介護5	日常生活の全般にわたって全面的な介助が必要		358,300円

基準額は加算なしの場合

ともできますが、介護支援専門員に依頼すると、めんどうな介護保険給付手続きを代行してもらえるだけではなく、保健医療や福祉の専門家として、さまざまなアドバイスをしてもらえます。そこで、現在、ほとんどの人が介護支援専門員のサポートを受けて、介護サービスを利用しています。

要介護度が高い人のひとり暮らしなど、特にむずかしいケースをどのように支えていくかは、ケアマネジャーとしての腕の見せどころといえるでしょう。

(3) サービスの実績管理などの給付管理

ケアプランを作成しても、利用者の健康状態が変わったりして、実際にはサービスが利用されないことがあります。実際にどんなサービスが実施されたかを確認し、報告するのも介護支援専門員の仕事になっています。

ただし、介護保険施設では、施設の人員配置などと要介護度で1人あたりの支給額が決められているので、給付管理業務を行う必要はありません。

●介護支援専門員は実務研修修了者を示す名称

介護支援専門員は、厳密にいえば資格ではありません。社会福祉士や看護師のような専門知識や技能レベルを示すものではなく、都道府県または都道府県知事が指定した法人が行う一定内容の介護支援専門員実務研修を修了した人をさす名称です。

しかし、次節でも説明するように、この実務研修を受けるためには、専門知識や技能が一定レベルに達していることを判定する介護支援専門員実務研修受講試験（以下、受講試験）に合格しなくてはなりません。実質的に、一定レベル以上の専門知識や技能がなければ介護支援専門員を名乗ることはできませんので、この本では、一種の資格として取り扱うことにしています。

これも次節で説明しますが、受講試験を受けられるのは、特定の国家資格を持っているか、特定の業務での実務経験がある人です。実務研修は、もともと福祉や保健医療などの専門家として活躍していて、なおかつ介護保険制度について一定レベル以上の基礎知識・技能がある人を対象にしているわけです。

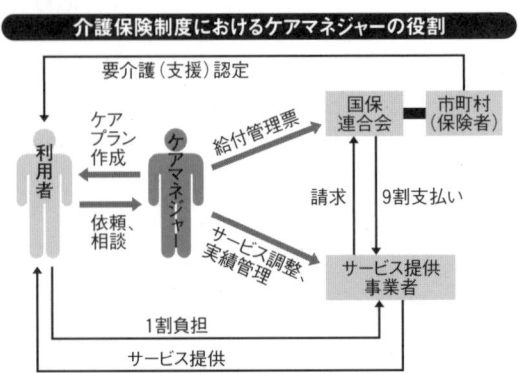

介護保険制度におけるケアマネジャーの役割

［介護保険が始まる前はどうだったの？］

answer
介護サービスを自分で選べない措置制度でした

　介護保険以前は、介護サービスはおもに措置制度のもとに実施されていました。これは、都道府県知事や市町村長の指示によって行われる行政処分で、介護についていえば「本来は家族でやることなんだけど、どうしても困っている人はしかたがないから行政が手を差し伸べてあげましょう」という意味合いです。

　措置制度は困った人への救済ですから、無料または特別に安い料金で介護サービスを利用できます。しかし、原則的には自分の好みでサービスを選ぶことはできませんし、経済的に豊かな人や家族で介護できると判断された人は、せっかくサービスがあっても利用できないこともあります。「あそこの特別養護老人ホームに入りたい」と思って、なおかつ施設に空きがあっても、行政が認めてくれなければ入れなかったのです。

　また「行政の世話になるのは恥」という思いから、本当は困っているのに、利用したくないという人もたくさんいました。

　さらに、自分で利用しようと思っても、保健医療制度と福祉制度が複雑に入り組み、それぞれが個々のサービスを提供していて、どんなサービスを選んでよいのかわかりませんでした。

　介護保険の考え方では、介護サービスは救済措置ではなく、必要な人が必要なときに利用するものです。健康保険証を持って病院へ行くのと同じ感覚と思えばよいでしょう。ふだんから保険料を支払ってきたのですから、何も遠慮することはなく、自分の欲しいサービスを選べばよいのです。また介護保険では民間の営利企業も介護サービス事業に参入することが認められ、都市部では選べるサービスの幅が広がってきています。

第1章

4. 介護支援専門員として仕事をするには実務研修の修了証明書が必要です

●介護保険という最大の社会資源を活用するために

　ケアマネジメントとは、介護が必要で困っている人の相談に乗って、その人が直面している問題点を整理し、社会資源を活用して問題解決をはかるためのコーディネートをする仕事です。現在の日本の高齢者介護で、もっとも大きく有意義な社会資源が介護保険制度です。高齢者のケアマネジメントをしていこうとするとき、当然この制度を活用していくことになり、そのためには、介護支援専門員の資格が重要になってきます。

　介護支援専門員は、介護保険制度について一定レベルの知識があり、介護保険制度やケアマネジメントの実施方法について実務研修を受けた専門家です。

　介護支援専門員になるためには、都道府県または都道府県知事が指定した法人が行う実務研修を受講しなければなりません。しかし、実務研修を受けるためには、専門家としての証明と知識・技能レベルを判定する試験への合格が必要です。その流れは、次のようになっています。
①福祉や保健医療などの専門家になる
②介護支援専門員実務研修受講試験（以下、受講試験）を受験し、合格する
③介護支援専門員実務研修を受講し、修了する

●受験できるのは、定められた専門分野の人

　介護支援専門員になる第一段階として、福祉や保健医療などの何らかの分野で専門家でなくてはなりません。国家資格や実務経験から専門家と認められた人のみが、受講試験を受験できます。

受験資格について、詳しくは第5章で説明しますが、大きく分類すると次の3通りがあります。
①特定の国家資格の取得者で、実務経験5年以上の人
②相談援助業務に従事する人で、実務経験5年以上の人
③介護等の業務に従事する人で、特定の資格があって実務経験が5年以上、または資格がなくても実務経験が10年以上の人

　①は、保健医療、福祉などの分野で専門家であることの証明です。②は相談援助業務の専門家であることの証明です。このルートでは、特定の資格はなくても実務経験が5年以上あれば、受講試験を受験できます。また、③は、介護についての専門家であることの証明です。特定の資格とは、ホームヘルパー2級、社会福祉主事任用資格または①の国家資格です。また、介護等の業務の実務経験が10年以上あれば、特定の資格は必要ありません。

　これらのことから、介護支援専門員の資質としては、相談援助業務や介護等の業務の実務経験が重視されていることがわかります。

●**実務研修を修了して、初めて介護支援専門員になれる**

　介護支援専門員になる第二段階として、都道府県または都道府県知事が指定した法人が毎年1回以上実施する受講試験を受験して、合格しなくてはなりません。受講試験では、介護保険制度、要介護認定等、居宅サービス計画（ケアプラン）等について必要な専門知識があるかどうかを問われます。特定の国家資格を持つ人は、自分の専門分野についての問題が一部または全部免除されます。

　試験に合格しただけで、すぐには、介護支援専門員になれません。第三段階として、受講試験終了後1年以内に、都道府県または都道府県知事が指定した法人が実施する35時間以上の介護支援専門員実務研修を受講し、修了証明書をもらって、初めて介護支援専門員として認められます。実務研修は多くの場合、2、3回に分けて実施されます。

　受講試験の詳細と実務研修の詳細については、第5章で説明していますので、詳しくはそちらを参照してください。

介護支援専門員になるまでの流れ

取得資格や職種により、実務経験5年または10年以上
↓
介護支援専門員実務研修受講試験合格
↓
介護支援専門員実務研修受講
↓
修了証明書の交付
↓
介護支援専門員に

介護支援専門員として仕事をするには実務研修の修了証明書が必要です

国家資格って、どんな資格？

answer

法律で定められている資格で、「業務独占資格」と「名称独占資格」があります

　国家資格とは、国、地方自治体、国の指定団体などが法律に従って認定する資格です。国家資格としては、医師、看護師、社会福祉士、介護福祉士、公認会計士、建築士などがあり、さまざまな分野にわたっています。

　資格の中には、国家資格以外に民間資格もあります。民間資格とは、民間の団体が任意に設定するものです。民間資格の中には、業務遂行能力や技能を示す目安として、就職の際などに広く活用されているものもありますが、国家資格のように法的な拘束は受けません。よく知られているものとしては、英語のコミュニケーション能力を認定するTOEIC（Test of English for International Communication）、パソコンのソフトウェアであるマイクロソフトオフィスの利用能力を証明するMOUS（Microsoft OfficeUser Specialist）などがあります。

　国家資格は、さらに「業務独占」資格と「名称独占」資格に分けられます。「業務独占」の資格は、その資格を持っている人だけが特定の仕事ができるという資格です。たとえば医療行為は医師や看護師などの資格を持つ人だけが行うことができ、資格を持たないホームヘルパーが医療行為をすると法律違反になります。介護福祉士などは「名称独占」の資格で、これはその資格を持たない人がその名称を使うことが法律で禁じられている資格です。知識や技術のレベルが一定以上であることを示す資格といえ、無資格者がその業務を行うことへの制限はありません。

●第1章
あなたは、ケアマネジャーになれる?

立ち止まってチェック!

STEP 1 以下の項目で、自分にあてはまるものに○をつけてみましょう。

- ( ) 人の役に立てるとうれしい
- ( ) 人と話すのが好き
- ( ) 人間の好き嫌いはあまりない
- ( ) 性格は明るいほうだと思う
- ( ) 責任感は強いほうだ
- ( ) 他人の価値観を尊重できる
- ( ) 人はみな平等で対等だと思う
- ( ) 口の堅さには自信がある
- ( ) 人の気持ちを見分けるのが得意
- ( ) 状況を客観的に判断できる
- ( ) フットワークが軽い
- ( ) 友人のなかでつい調整役をつとめてしまう
- ( ) 臨機応変な対応ができるほうだ
- ( ) 事務仕事は苦痛ではない
- ( ) 計画性がある
- ( ) 自分を偉く見せたいとは思わない
- ( ) あなたは公平だとよくいわれる
- ( ) 他人とけんかすることは少ない
- ( ) プロとして仕事にやりがいを感じる
- ( ) 仕事の役に立つなら、勉強も好き

STEP 2 ○の数を数えてみましょう。
あなたがケアマネジャーになれる可能性は次のとおり。

- 0～6　自分の適性をもう一度見直して。
- 7～13　努力次第では、なれるかも。
- 14～20　適性は抜群!

```
プロローグ
   ↓
第1章 資格のあらまし
   ↓             ← あなたはいまここ!!
第2章 職場のいろいろ     ケアマネジャーが
   ↓                  どんな仕事か
第3章 働く現実           ほぼ理解できた
   ↓
第4章 将来の可能性
   ↓
第5章 進路の選び方
```

第2章
介護サービスと利用者との接点で活躍します

ケアマネジャーが働く場は、
居宅介護支援事業所や介護保険施設など、
介護にかかわる場所ほとんどすべてです。
どこで働く場合でも、
常に利用者と向き合い、信頼関係を保つのが
ケアマネジャーです。

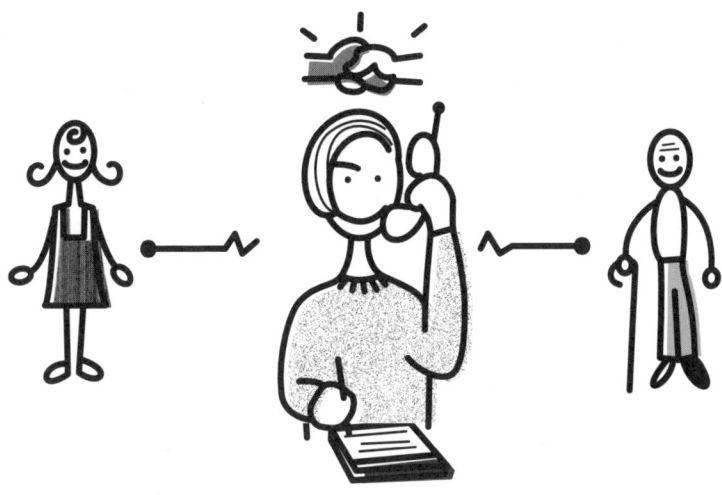

第2章
1. 指定居宅介護支援事業所で働く-1
利用者と向き合う

●**介護保険の事業者には大きく分けて3種類ある**

　介護保険の事業者には、大きく分けて3種類があります。

　居宅サービス事業者は、訪問介護、訪問看護、訪問リハビリテーションなど、自宅で生活する要介護者や要支援者に対して、居宅サービスを提供する事業者です。居宅介護支援事業者は、利用者が居宅サービスを適切に利用できるようにケアプラン（居宅サービス計画）を作成したり、サービス事業者と連絡調整をするなど、居宅介護支援サービス（ケアマネジメント）を提供します。施設サービス事業者は、介護老人福祉施設（特別養護老人ホーム）や介護老人保健施設（老人保健施設）などの介護保険施設を運営し、入所サービスを提供します。

　このように書くと3種類の事業者は別々のようですが、実際には同じ事業者がいくつかの事業を実施したり、同じ法人がグループ事業所としていくつかをまとめて運営することも多くあります。一部の施設をのぞき、いずれの事業者も、介護保険からサービス費の支払いを受けるためには、人員配置や設備基準などで一定の基準を満たして、都道府県知事の指定を受ける必要があり、これを介護保険の指定事業者といいます。なお、法律用語では「事業者」ですが、一般的には事業者を「事業所」とよんでいるため、この本でもそれにならって、指定居宅サービス事業所のようによんでいます。

　3種類の事業所のなかで、介護支援専門員の配置が必要とされているのは、指定居宅介護支援事業所と介護保険施設です。この節では、まず指定居宅介護支援事業所について説明しましょう。厚生労働省の「平成14年介護サービス施設・事

【常勤と非常勤の違いは？】
A　介護保険法では、常勤とは、その事業所における勤務時間が、その事業所で定められている常勤の従業者が勤務するべき時間数（週32時間を下回る場合は週32時間）に達していることをいう。

法人
法律上の権利義務の主体となることができる一定の組織を備えた団体。

業所調査」によると、2002年10月現在、全国に2万694か所あります。指定居宅介護支援事業所で働く介護支援専門員は、常勤換算で4万1685人となっています。

●指定居宅介護支援事業所ではケアマネジメントを行う

ケアマネジメントには責任を持って継続してかかわることが必要ですから、指定居宅介護支援事業所は法人組織であることとされています。

指定居宅介護支援事業所には最低1名以上の常勤の介護支援専門員の配置が定められており、さらに利用者50名あたり1名の介護支援専門員を標準として、50名を超えるごとに1名の介護支援専門員の増員が必要です。この増員については、非常勤でもかまいません。

介護が必要な人のケアマネジメントを引き受けると、指定居宅介護支援事業所には、介護保険から居宅介護サービス計画費が支払われます。一般に介護保険ではサービス費用の1割は利用者負担になりますが、居宅介護サービス計画費は10割が介護保険から支払われ、利用者負担はありません。この額は利用者の要支援または要介護度に応じて、一律の額が定められています。

●相談を受けた瞬間から利用者との関係が始まる

それでは、指定居宅介護支援事業所でのケアマネジャーの典型的な働き方を、利用者とのかかわりを中心に追ってみましょう。

(1) 新規依頼を受ける

新規依頼を受けたら、まず依頼者の状況を聞き、介護保険制度や利用できるサービスの説明をします。そして、利用してみたいということになれば、次はその人の自宅を訪問して、詳しい説明をすることになるでしょう。要介護または要支援の認定をまだ受けていない人であれば、このとき心身の状況や生活環境を調べ、認定が受けられるかどうかを推測します。

要介護認定が受けられると判断できれば、認定を受けることを勧め、希望があれば申請を代行します。

(2) 暫定プランの作成とサービスの依頼・調整

介護を必要としている人は、すぐにでもサービ

介護保険によるサービスの種類

●居宅サービス
訪問介護
訪問入浴介護
訪問リハビリテーション
訪問看護
居宅療養管理指導
通所介護
通所リハビリテーション
短期入所生活介護
短期入所療養介護
痴呆対応型共同生活介護
特定施設入所者生活介護
福祉用具の貸与   など

●施設サービス
介護老人福祉施設(特別養護老人ホーム)
介護老人保健施設
介護療養型医療施設

スを利用したいはずです。介護保険を利用するためには認定調査が必要ですが、審査結果が出るのを待っていたのでは、利用したい人はその日の生活に困ってしまいます。幸い、介護保険では申請日にさかのぼって給付が受けられるため、要介護認定が出るのが確実だと判断すれば、暫定的にケアプランを作成し、サービスの依頼・調整に入ります。

ただし将来要介護度が確定したとき、要介護度が予想とずれていても、確定した要介護度に応じた限度額までしか給付はされません。あとで利用者が困らないように、暫定プランは慎重に作成します。

(3) 認定調査

要支援・要介護の認定調査は、保険者である市町村の役割ですが、指定居宅介護支援事業所や介護保険施設に委託されることが多く、所属する介護支援専門員が認定調査を行います。

●利用者のために、常に最適のプランを考える

(4) アセスメント（課題分析）

利用が決まったら利用者宅を訪問し、現在の心身の状況や生活環境、家族とのかかわりなどを調べ、何が問題なのかを分析します。この分析をアセスメント（課題分析）とよびます。

アセスメントは、所定の様式に従って多数の項目をひとつずつチェックしたうえで、内容を分析して問題を明確にします。特定の様式に沿って項目を入力すると、問題点を提示してくれるコンピュータソフトも存在します。ただし、アセスメント様式やコンピュータソフトは、あくまで質問し忘れの防止や問題分析の補助手段にすぎません。項目を埋めることに一生懸命になるのではなく、利用者の話をよく聞く姿勢が大切です。

(5) ケアプラン（居宅サービス計画）作成

アセスメントを行ったら、問題を解決するために最適のケアプランを作成します。介護保険では、必ずケアプランを作成することになっています。

ケアプランには、利用者にとって必要なサービスをもれなく組み込まなくてはなりませんが、要介護度に応じて、介護保険で利用できるサービスの限度額は決

保険者
保険の経営主体。保険料を徴収し、保険給付を引き受けるもの。

まっています。さまざまな制限をどうクリアしてケアプランを作成するかは、ケアマネジャーの腕の見せどころです。

居宅サービス計画書の様式は決まっていて、「居宅サービス計画書(1)」には、「利用者及び家族の介護に対する意向」「介護認定審査会の意見及びサービスの種類の指定」「総合的な援助の方針」を、また、「居宅サービス計画書(2)」には、「生活全般の解決すべき課題（ニーズ）」「援助目標」「援助内容」などを記載します。あわせて、ケアプランのタイムスケジュールを確認するための週間サービス計画書も作成します。

●サービスの調整やモニタリングもケアマネジャーの仕事
(6) サービス担当者会議の開催とサービス調整

ケアプランの原案を作成したら、よりよいプランにするためにサービス担当者会議を開催して、指定居宅サービス事業所の担当者や他の専門家の意見を聞きます。このサービス担当者会議を運営するのも、ケアマネジャーの役割です。

ここでケアプランを練り直し、利用者の承諾を得て決定したら、それが実際に実施されるように、指定居宅サービス事業所にサービス提供票を配付して依頼し、連絡調整を行います。

(7) サービス利用票の交付

ケアプランが決まったら、利用者にはサービス利用票を渡して、承認印をもらいます。このときも、通常は利用者宅に出かけて内容を説明したうえで、サービス利用票を手渡します。

(8) モニタリング

ケアマネジャーは常に利用者の状態に気を配り、その変化に対応します。この継続的な見守りをモニタリングとよびます。その結果、必要があればケアプランを変更し、サービス提供事業所への連絡調整を行います。十分なモニタリングのためには、こまめに利用者宅を訪問したり、電話連絡をしたりします。

指定居宅サービス事業所数と1事業所あたり利用者数（9月中）

（2002年10月1日現在）

	事業所数	利用実人数(1事業所あたり)
訪問介護	12,346	60.9
訪問入浴介護	2,316	30.6
訪問看護	4,991	49.5
通所介護	10,485	76.2
通所リハビリテーション	5,568	69.3
短期入所生活介護	5,149	32.8
短期入所療養介護	5,655	14.0
痴呆対応型共同生活介護	2,210	10.9
福祉用具貸与	4,099	…
居宅介護支援事業	20,694	85.0

（資料：厚生労働省「平成14年介護サービス施設・事業所調査」）

ルポ❶

取材先◎桔梗指定居宅介護支援事業所
しごと◎居宅介護支援事業所の所長

利用者や家族と向き合う時間を大切にしたいから、省けるところは省いて工夫する

担当地域を回るため、月間走行距離は２人で1200km

　吉田光子さんは、だいたい午前８時過ぎには出勤する。勤務時間はいちおう午前８時半から午後５時までだが、実際にはその範囲内でおさまることはほとんどない。利用者や家族の希望に合わせて、早朝や夜に電話連絡や訪問をすることが珍しくないからだ。

　桔梗指定居宅介護支援事業所の利用者数は、約110名。吉田さんは、そのうち60～70名を担当している。都市部のサラリーマン家庭から田園地帯の農家まで、利用者の状況はさまざまだ。

　桔梗で大変なのは、その担当地域の広さだ。すべて市内とはいえ、その市内が広い。いちばん遠いところは片道で35kmあり、自動車で40分くらいはかかる。冬場は雪で１時間以上かかることがあるが、行かないわけにはいかない。在宅介護支援センターの業務を兼務しているもう１人と吉田さんの２人で、月間の走行距離は1200kmくらい。冬はできるだけ効率よく回るようにするが、それでも700kmくらいにはなる。

　広い地域を少ない人数でカバーするために、吉田さんは工夫を重ねている。たとえば、アポイントを取らずに訪問することもそのひとつ。訪問は、行ってみないとどのくらい時間がかかるかわからない。しかも移動時間が長いので、余裕を見て時間を約束すると回りきれない。どうしても必要なところだけアポイントを

桔梗指定居宅介護支援事業所●DATA
福島県郡山市。運営母体の財団法人太田綜合病院は1895年の開設。現在３病院と介護老人保健施設「桔梗」などを運営し、関連団体に社会福祉法人太田福祉記念会がある。桔梗指定居宅介護支援事業所は介護老人保健施設に併設され、職員は在宅介護支援センターとの兼務者１名と所長の吉田さんの２名。

第２章　介護サービスと利用者との接点で活躍します

取り、「いつ来てもいいよ」と言ってもらえる家は、近くに行ったときに立ち寄ることにしている。

地域の特徴で、利用できる事業所が少ないことも悩みのたねだ。都市部はいいが、農村地帯では利用できるサービスはほとんどない。デイケアなどの通所系サービスは遠すぎて通えないし、訪問介護や訪問看護も、遠くの業者は交通費がかかりすぎるので、とても頼めない。できるだけ近くの業者を選んで依頼し、やむなく遠方の業者に頼む場合には、数件をまとめて回れるようにプランを工夫する。ケアマネジャーの仕事には、地域の実情を考えた対応が必要だ。

●追いかけた人

吉田光子（よしだ みつこ）さん／1954年福島県生まれ。病院、特別養護老人ホーム、在宅介護支援センターでソーシャルワーカーとして働いた後、現職。92年社会福祉士、99年介護支援専門員資格取得。福祉系の専門学校で非常勤講師もつとめる。

訪問は利用者や家族の事情に合わせて

今日は、午前中は事務所にいる予定だったが、急に12時に来てほしいという連絡が入って訪問した。外で昼食をとって戻ると1時過ぎだ。午後は2件の訪問を予定している。

最初に訪問するIさんは、81歳の男性だ。奥さん、息子さん一家と暮らす。以前から病気があって吉田さんが相談に乗っていたが、昨年の暮れにようすを見にいったとき、急激に状態が悪化しているのを知って、強く受診を勧めた。家族はそれほど重大事と思っていなかったが、病院に連れていくと即日入院。約1か月で退院できたが、現在はほとんど寝たきり状態になっている。

Iさん宅の庭先に車を止めると、吉田さんは玄関の戸を威勢よく開けた。「こんにちはー！」。応対に出てきたのは奥さんだ。「あら、髪型変えたの？　にあうね」。訪問のしかたは利用者の家庭状況によって変えている。チャイムを鳴らして応答を待つこともあれば、お年寄りがひとりで寝ている家では、声をかけるだけで入っていってしまうこともある。信頼して受け入れてもらうためには、その家庭ごとの感覚や事情に合わせることが必要

担当地域が広いので訪問は大変。車の月間走行距離は2人で約1200km

だ。そのためには、土地の言葉もよく使う。「いやあ、よがった。どのったね（元気になったね）」と言うことで、標準語よりもずっと身近に感じてもらえる。吉田さんは、この仕事をするようになって、いつの間にか土地の言葉を使うことが多くなった。

　吉田さんは、ベッド上のＩさんと気候の話などをしながら体調を観察し、翌月のプランの説明をする。Ｉさんはほとんど身動きできないが、顔色はよく、吉田さんと話すのが楽しそうだ。おしゃべりしながら周囲のようすを見回していた吉田さんは、木製のポータブルトイレのひじかけが、簡単に外れてしまうことに気がついた。すぐに携帯電話で「危なくて使えないから直しにきて」と業者に連絡する。介護用品のメンテナンスに気を配るのも、ケアマネジャーの仕事だ。

　次の訪問先はＡさん宅。Ａさんは88歳の女性で、息子さん夫婦と暮らす。毎日のようにやってくるひ孫さんと遊ぶのがＡさんの楽しみだ。

　Ａさんは、デイケアに出かけて留守だった。そこで、まず住宅改修でつけた手すりの状態を確認する。お嫁さんに案内してもらって、玄関から、トイレ、ダイニングキッチンなどとＡさんの居室を結ぶ廊下につけられた木製の手すりを確認して回った。「これなら大丈夫そうね。玄関から上がるときにこの手すりを使ってる？」「廊下では使っているけど、そこはあまり使ってないねえ」「そうか。まだ慣れていないんだね。でも、これなら大丈夫だわ。そのうち使うようになるでしょう」。そうするうちに、Ａさんが戻ってきた。吉田さんは、さっそく出迎えて「元気だった？」と話しかける。

毎月のルーチンワーク、介護保険の事務処理はできるだけ効率よく

　１日のスケジュールは利用者に合わせて臨機応変に対応するが、介護保険の事務処理には毎月の流れがある。桔梗では、事務処理にパソコンの専用ソフトを使っている。介護保険の事務作業を軽減するためには、パソコンは必需品だ。

　吉田さんは、毎月20日前後に１日をかけて、パソコンから翌月の利用票を打ち出す。打ち出し自体にはそれほど時間はかからないが、プランの確認をしていると半日くらいはかかってしまう。また、吉田さんが使っているシステムは利用票と提供票を１枚ずつしか印刷しないので、打ち出したあとには事業所と利用者用

ある日の吉田さん

8:00	11:00	13:00	15:30	17:00	19:00
出勤	事務処理ミーティング	30km離れた利用者宅１件を訪問	食事をして事業所に戻る	事務処理、電話連絡	近所を訪問（Ｉさん宅、Ａさん宅）	事業所に戻る	残務整理	帰宅

第２章　介護サービスと利用者との接点で活躍します

のコピーが必要だ。コピーと仕分けに、さらに半日くらいかかる。

利用票を打ち出したら、月末までの間に利用者宅に届けて回る。本来はモニタリングをしてから利用票を作成するべきだが、遠方の利用者が多いこともあって、そうはしていられない。利用票を配る段階で同時にモニタリングして、プランの変更があれば、その場で事業所に電話して連絡する。

月初めは、初日に給付費請求を行うが、プランの変更は随時入力してあるので、この日は結果を送るだけだ。そのあとは要介護認定の更新作業に入る。当初はそれほどと思わなかったが、半年ごとに更新作業が必要なので、介護保険の利用が進むにつれて数が増え、かなり手間がかかるようになった。

人と向き合う仕事がしたくて

吉田さんは、人と向き合う仕事がしたくて、福祉大学に進学した。当初児童関係の仕事をめざしたが、自身も病気をした経験があるため、体力的に無理だとわかって断念。大学で学ぶうちにメディカル・ソーシャルワーカーの仕事を知り、自分がやるのはこれしかないと思うようになった。

病院、特別養護老人ホーム、在宅介護支援センターなどでソーシャルワーカーとして経験を積み、介護支援専門員の資格を取って現在の事業所勤務となったが、吉田さんには、自分は介護支援専門員、という意識はあまりない。ソーシャルワーカーとして、さまざまなサービスや制度をうまく組み合わせて利用者の役に立てるのが仕事だと思う。しかし、介護保険が利用者にとって重要な社会資源であることには違いない。介護支援専門員の資格は、介護保険を活用するための大切な道具だ。

「ケアマネジャーの仕事は、基本的にいままでのソーシャルワーカーとしての仕事と同じです。利用者の相談に乗り、ケアプランを立てる。それで、利用者や家族が変化し、元気になってくれるととてもうれしい。だからこそ、介護保険の事務作業はできるだけ省力化して、利用者や家族と向き合う時間を大切にしたい」と吉田さんは言う。

（取材は2001年7月）

「それで大丈夫だったの。よかったー」。Aさんの体調を確認しながら話しかける

ルポ❷

取材先◎涌谷町町民医療福祉センター
しごと◎町営医療福祉センターのケアマネジャー

町の福祉事業から介護保険まで、定期的な会議で一貫して調整し利用者に最適なサービスを

1日の大半は訪問で過ごす

　紺野寿子さんが働く涌谷町(わくや)町民医療福祉センターは、町の保健・医療・福祉機能を統合した施設だ。町民の日常の健康づくりから、病気の予防、治療、リハビリテーション、継続療養、福祉に関する相談や手続きなどが、すべてここでまかなわれる。「普通、役所に相談に行くと『この部分はあちらで、これはここに行ってください』と、苦しんでいる人があちこち回されますよね。でも涌谷町では、困っている人はここに来さえすればいいんです」とセンター長の青沼孝徳(あおぬまたかのり)さんは語る。町役場の健康・福祉部門もセンター内にあり、紺野さんは介護保険課でケアマネジャーとして勤務している。

　紺野さんは朝8時半に出勤し、1日の大半を利用者宅の訪問で過ごす。今日は、来月のケアプランの説明で、午前中に4件回った。1件につき毎月1回は訪問し、ようすを観察して本人や家族の話を聞く。変化がなければ翌月のプランを説明して印をもらうだけだが、ようすが変わったときは、何度でも出かけて打ち合わせる。1週間のうちに同じ家を二、三度訪問することもある。

　今日訪問した家でも、さっそく1件で変更があった。電話では変化はないということだったが、「暑くなったので通所リハビリテーションの回数を増やせませんか」と、家族が言う。本人の意思も確認して、できれば増やすことに決めた。センターに戻ったら、同じ敷地内にある通所リハビリテーション部門に連絡して、

涌谷町町民医療福祉センター●DATA
宮城県遠田郡。町の健康福祉課に属する施設で1988年開設。同敷地内に病院、介護老人保健施設、居宅介護サービス事業部、健康課、福祉課、介護保険課、などが集約。2001年度から特別養護老人ホーム、高齢者生活福祉センター、グループホーム等の建設に着手、03年一部開院予定。職員数約280名。P.92参照。

空きを確認しなくてはいけない。その結果を連絡するため、数日中にもう一度訪問することになるだろう。

午後は、デイケアの人のようすを見に行ったり、雑用をこなしたりした後、訪問に出かけることが多い。訪問がなければ、プラン作成や認定調査票を書く仕事をする。給付管理などの事務は自分たちでやるため、毎月1日から5日くらいまでは、コンピュータの入力作業に追われる。紺野さんは、入院などで介護保険の給付管理がないケースも含めて、毎月70数件を担当する。

●追いかけた人

紺野寿子（こんの ひろこ）さん／1962年宮城県生まれ。看護師として4年間病院勤務後、秋田県立衛生看護学院に入学、保健師資格取得。卒業後、涌谷町町民医療福祉センターに就職。99年介護支援専門員資格取得。介護保険スタート時より介護保険課で現職。

症例検討会で、他部門の専門家の意見を聞く

今日は木曜日なので、午後4時から症例検討会とサービス担当者会議がある。

症例検討会には、ケアマネジャーのほか、医師、看護師、理学療法士、作業療法士、ホームヘルパーなど、医療福祉センター内のさまざまなセクションから人が集まり、スタッフレベルでいろいろな問題を検討する。たんなる情報交換ではなく、その人にとってどんなケアが最適か話し合い、見解の統一を行うのが目的だ。医療福祉センターでは、介護保険制度開始前から、この症例検討会で利用者一人ひとりのケアプランを話し合ってきた。現在ではケアマネジャーが立てたケアプランを報告するので検討会の意義は少なくなったが、異なる部門同士で意思疎通するための貴重な場となっている。

発表するケースの再チェックをしていて、ふと気がつくと、もう4時前だ。あわてて会議室に向かうと、十数名の参加者の大半がすでにテーブルについていた。入り口で、その日検討される利用者のケース状況表や居宅サービス計画書を受け取り、空いている席に着く。

会議が始まると、ケアマネジャーが自分の担当する利用者について次々と報告し、みんなで検討する。紺野さんも、新しく担当した利用者について、訪問調査などで調べた状況を報告した。

症例検討会やサービス担当者会議では、違う部門の人と話し合える場があるので安心

「この方は88歳の女性で、いままでサービスを使ったことはありません。今年の5月に転倒し、圧迫骨折で2週間入院。退院後、元気に生活していましたが、少しずつ状態が悪化し、現在寝たきりに近い状態になっています。主介護者のお嫁さんも病気がちなので、孫のお嫁さんが心配して在宅介護支援センターに相談にみえました。ただし、できるだけ家族で介護していきたいと考えておられます」

歩けないので家族だけで入浴させるのが大変だが、介助があれば布団の上に座らせることはできる。そこで紺野さんは、訪問介護を利用して家のお風呂で入浴してもらうプランを立てたことを説明した。

「生活全般の解決すべき課題は、『居宅サービス計画書(2)』に示したように、①入浴介助、②医師による診察、③寝たきり予防の必要があるという3点です。そこで①訪問介護による入浴介助、②訪問診察および訪問看護、③電動ベッドと車いすの貸与を提案しました。しかし、本人と家族は、とりあえずは現在は①のみでよいという希望ですので、それに基づいて①のみの『週間サービス計画表』を作成しました。それ以外のサービスは、本人が慎重な方なので、①のサービスを提供しながら、本人や家族の受け入れ状況を確認し、再度勧めていきたいと思います」

サービス担当者会議では、介護保険について調整

4時半ごろ症例検討会が終了し、そのままサービス担当者会議に入る。ここでは、介護保険の利用者について、サービスを提供する事業所の責任者とケアマネジャーが話し合う。病棟関係者など、介護保険と直接関係がない部門の人やスタッフは退室する。

涌谷町の居宅サービス事業所はほとんどが医療福祉センター内にあるので、毎週の会議でも集まりやすい。ただし、民間の通所介護施設が1か所あるので、その施設を使うときには、そこから担当者をよぶことになる。

再びケアマネジャーがひとりずつ、自分の担当者について報告し、1例ずつ検討することになった。

紺野さんは、症例検討会で報告した利用者について、介護保険を申請中であること、家族の手助けをしながら在宅で計画を立てていくという方針を説明した。

ある日の紺野さん

8:30	出勤
9:00過ぎ	その日の予定の確認や電話連絡
	訪問に出発
	4件訪問
12:00	昼食
13:00	センターに戻る
	事務処理
16:00	症例検討会
16:30	サービス担当者会議
17:00過ぎ	事務処理・連絡など
18:30ごろ	退勤

第2章 介護サービスと利用者との接点で活躍します

さらに「受診については、家族が病院に連れてくるそうです」と説明すると、国保病院の外来を担当する婦長から、「もし連れてくるのがあまり大変そうなら、外来からも訪問診察を勧めてみましょう」という申し出があった。

問題点をひとつずつ話し合える貴重な場所

各担当ケアマネジャーの報告と調整が終わったところで、ケアマネジャーのひとりから、「通院介助で診察結果を聞いて家族に伝えるのはホームヘルパーの仕事でしょうか」という問題が提起された。通院介助を受けたのに、診察結果が正しく伝わっていないというクレームが家族からあったということだ。

外来婦長からは、「診療中の介助はナースの仕事だし、医師は診察結果を本人に話しているはずです」。ホームヘルパーのチーフからは、「医師から利用者の日常のようすをたずねられることがあります。診察室まで入って介助するかどうかは、本人の希望もあって、状況によってまちまち」「非常勤ヘルパーは私服なので、医師が家族と誤解することがあります」などの説明があった。さまざまな意見が出た後、司会進行役でケアマネジャーのチーフでもある千葉さん（P.92参照）が「ヘルパーの役割は移動の介助と日常生活の報告です。病状の家族への説明は介助業務ではないので、今後その方向で説明してください。また、家族への説明をどのようにするかは、今後関係機関で話し合っていきたいと思います」と取りまとめた。介護保険やサービス利用について、こういう細かい点でも、ひとつずつ話し合える場があるので安心だ。

会議が終わると5時過ぎ。勤務時間は5時15分までだが、明日の訪問の準備をしなくてはならない。今日も帰宅は6時過ぎになりそうだ。

保健師からケアマネジャーになった紺野さんは、ケアマネジャーは保健師と似ているところもあるが、より一人ひとりにかかわれる仕事だと思う。在宅は絶対に無理だと思えたケースで、どうしても家に帰りたいという人について何とかプランを立てて家に帰ってもらえたときなど、ケアマネジャーとしてとてもやりがいを感じる。　　（取材は2001年7月）

介護福祉士出身の若手ケアマネジャーの相談に乗る。異なる専門分野を持つ同僚との会話は勉強になる

第2章

2. 指定居宅介護支援事業所で働く-2
介護保険制度の担い手として

●介護保険の事務処理には毎月の流れがある

　前節では、利用者とのかかわりからケアマネジャーの仕事の流れを説明しました。この節では、介護保険の担い手として、指定居宅介護支援事業所でのケアマネジャーが行う介護保険にかかわる作業を紹介しましょう。

　介護保険では、ケアプランの作成や支給限度額はすべて月単位が基準になっています。そのため、介護支援専門員の仕事には毎月の流れがあります。

　まず、毎月20日ごろまでには、翌月のケアプランを作成しなくてはなりません。モニタリングの結果、状況が変わっていれば、それに合わせてケアプランを変更します。ケアプランを変更したときは、支給限度額を超えていないかなどの確認も必要です。利用者や家族の意向を確認し、翌月のケアプランを決定したら、サービス利用票とサービス提供票を作成し、月末までに、サービス利用票は利用者に、サービス提供票は指定居宅サービス事業者に配付します。

　月初めには、給付管理業務が待っています。前の月にケアプランどおりにサービスが実施されたかを確認し、その結果を給付管理票として、10日までに介護保険の支払いを行っている国民健康保険団体連合会（国保連）に送付します。国保連では、各指定居宅サービス事業者からの請求とこの給付管理票を突き合わせ、支給限度額の管理を行います。

　10日が過ぎると20日ごろまでは少し余裕ができますが、多くの介護支援専門員は、その間に要介護認定更新のための調査を行います。要介護認定の更新は、3か月から1年の間となっていますが、現在、6か月ごとに更新している市町村

国民健康保険団体連合会
国民健康保険法に基づき、会員である市町村の国民健康保険組合が、共同してその目的を達成するために必要な事業を行うもの。都道府県ごとにあり、介護保険のサービス費の審査や支払いを委託されている。

償還払い
保険給付方法のひとつで、費用を被保険者がいったん全額支払い、あとから保険者（介護保険では市町村）から支払いを受ける方法。住宅改修や福祉用具の購入が償還払いとなる。

が多く、その場合、毎月利用者の約6分の1の人の更新手続きが必要です。

　毎月の業務の流れはこのような形になりますが、そのあいまにサービス担当者会議や新規利用者のための訪問調査を行います。また、緊急の連絡が入って利用者宅に出かけたり、その結果ケアプランを変更して連絡調整を行ったりすることもあります。このように、指定居宅介護支援事業所の介護支援専門員は、1か月を単位としてかなり多忙な毎日を送っています。

●**介護保険のしくみを伝えるのも仕事**

　介護保険制度の担い手として、利用者に対して介護保険の理念やしくみを説明するのも、ケアマネジャーの役割です。

　介護保険制度では、サービス利用は措置から契約に変わり、利用者が自分で責任をもってサービスを選択することになりました。主体はあくまで利用者で、ケアマネジャーはその援助を行います。援助といっても、ただ世話をするだけではなく、介護サービスは利用者の生活の質（QOL）を向上させ、自立した生活を支援するために利用するのだということを、おりにふれ説明する必要があります。

　また、介護保険の給付手続きと利用者負担額については、あとでトラブルが起こらないように、よく説明して理解してもらわなくてはなりません。

　介護保険でサービスを利用すると、その費用の1割は利用者負担となります。さらに、要介護度に応じて1か月に介護保険を利用できる限度額が定まっていて、それを超えて利用した部分は、全額利用者が負担することになります。サービスが必要だと頼まれても、やみくもに手配するのではなく、利用者負担額を計算して利用者に確認し、費用負担を納得してもらいます。また、住宅改修など一部の費用は、利用者が全額を支払ったあと、償還払いとして9割が現金で支給されます。一時的に多額の現金が必要であることを利用前によく説明しておく必要があるでしょう。

　さらに地域によっては、市町村が独自に行っている介護保険の上乗せサービスや横出しサービス、介護予防のための制度の利用を勧めるのもケアマネジャーの仕事です。

介護保険にかかわる毎月の仕事の流れ

月初め → 給付管理・給付管理票送付

10日 → モニタリング

（要介護認定の更新手続き、認定調査など）

ケアプラン作成

20日 → 翌月のサービス利用票提供票の配付

月末

【上乗せサービス、横出しサービスって？】

A 市町村が独自に行うサービスで、上乗せは介護保険サービスの支給限度額を引き上げること。横出しは、配食サービスやおむつの支給など介護保険外のサービスを市町村特別給付（P.20）でまかなうこと。

第2章 3.
介護保険施設で働く

●介護保険施設でもケアプランに基づいて

　介護保険施設とは、施設サービスを行う事業所です。介護保険施設には次の3種類があります。
・指定介護老人福祉施設（特別養護老人ホーム）
　老人福祉法に規定される特別養護老人ホームを介護保険施設として指定したもので、常時介護が必要で在宅での生活が困難な高齢者を対象に、介護福祉施設サービスを行うための施設です。生活のための介護を目的とします。設置主体は社会福祉法人や地方公共団体です。2002年10月現在、全国に4870か所あります。
・介護老人保健施設（老人保健施設）
　介護保険法に規定された施設で、病状が安定していて入院治療は必要ない高齢者を対象に、介護保健施設サービスを行うための施設です。家庭復帰を目標に、リハビリテーションや看護・介護を行い、医療と生活のための介護の両方を提供します。設置主体は医療法人、社会福祉法人、健康保険組合、地方公共団体などです。2002年10月現在、全国に2872か所あります。
・指定介護療養型医療施設（療養病床、老人性痴呆疾患療養病棟）
　医療法に規定される病院または診療所の療養病床を介護保険施設として指定したもので、長期療養が必要な高齢者を対象に、介護療養施設サービスを行うための施設です。医療の提供を目的とします。設置主体は医療法人などです。2002年10月現在、全国に3903か所あります。
　なお、施設サービスを利用するには要介護1以上の認定を受ける必要があり、

要支援の人は、介護保険での利用はできません。
●**毎日のモニタリングで、ケアプランを修正**
　介護保険制度では、ケアプランの作成が給付の条件になっていますから、施設でも個々の利用者ごとに心身の状況に応じた施設サービス計画を作成し、計画に基づいて、看護、介護、機能訓練、療養管理などを行います。
　施設内でのケアマネジメント業務を行うために、介護保険施設では、利用者100名あたり1名以上の介護支援専門員を配置しなくてはなりません。ケアマネジャーとしては、指定居宅介護支援事業所の次に活躍する場が多い職場といえるでしょう。施設のケアマネジャーのおもな仕事をあげてみましょう。

(1) 入所前相談
　入所を希望する人の相談に乗り、現在の状況を把握して問題点を整理し、施設を利用するのが最適かどうか利用者の選択を援助します。そのため、利用者宅を訪問して調査したり、現在居宅介護支援サービスを受けている場合は、その担当ケアマネジャーと連絡を取り合うこともあります。
　また、施設で提供しているサービスについて利用者に説明し、介護保険を初めて利用する人には介護保険制度の説明も行い、場合によっては要介護認定の申請を代行します。

(2) 認定調査
　指定居宅介護支援事業所と同様に、市町村から委託された場合、入所者の認定調査を行います。

(3) アセスメント（課題分析）
　入所者の身体的、心理的な状況を把握して分析し、問題点を整理します。

(4) ケアプラン（施設サービス計画）作成
　アセスメントに基づき、その人にとって最適なプランを作成します。ケアプランには、ケア目標、解決するべき課題、ケア項目、ケ

介護保険施設の数、定員、在所者の状況

(2002年10月1日現在)

施設の別 (数字は1人あたりの床面積)	介護老人 福祉施設 居室10.65㎡以上	介護老人 保健施設 療養室8㎡以上	介護療養型 医療施設 病床6.4㎡以上
施設数	4,870	2,872	3,903
定員・病床数	330,916	254,918	137,968
在所・在院者数 総数	326,159	233,740	126,865
要介護1	29,713	30,301	6,000
要介護2	49,043	49,832	10,251
要介護3	59,399	53,588	15,317
要介護4	92,064	60,296	35,462
要介護5	94,373	39,099	56,106
その他	1,567	624	3,729
利用率	98.6%	91.7%	92.0%
平均要介護度	3.53	3.12	4.02

(資料:厚生労働省「平成14年介護サービス施設・事業所調査」)

アのための行動計画などを記載します。施設サービス計画では、たとえば排泄(はいせつ)ケアをおむつにするかなど、具体的なケア方法やスケジュールを考えます。

なお、介護保険の基本的な考え方は、介護が必要な人が在宅で生活できるようにサポートをすることであり、施設の利用者の場合も、退所して自宅に戻ってもらうことを常に念頭に置いて、ケアマネジメントを行います。

(5) カンファレンス（処遇会議）の開催

介護、看護、リハビリテーション、相談など、各部署の担当者が集まって、入所者のケアについて話し合う会議です。個々の利用者の問題点や目標を確認してケアプランについて検討し、その実施方法を調整します。

利用者数が多いため、カンファレンスを開催するたびに、すべての入所者について話し合うわけにはいきません。通常、カンファレンスを定期的に行い、入所者の何割かずつについて順に検討します。ただし、心身の状態変化などがあった入所者については、すぐにカンファレンスにかけて、ケアプランを調整します。

(6) モニタリング

入所者の状況を確認し、相談に乗ったり、ケアプランを変更したりします。在宅の場合と異なり、遠方の利用者宅まで訪問する必要はありませんが、入所者のすぐそばにいることから、状況変化に応じたきめ細かなモニタリングが必要です。

(7) 退所の準備

退所する人に対して、退所後も引き続き適切で継続的な介護サービスが提供されるように、利用者の相談に乗ったり、地域の指定居宅介護支援事業所や指定居宅サービス事業所との連絡や調整を行います。

施設サービスの介護報酬は、施設の人員配置と利用者の要介護度などに応じて一律に決まってしまうので、給付管理事務に追われることはありません。そのかわり、1名の介護支援専門員が利用者50名を受け持つ指定居宅介護支援事業所の基準と異なり、最大100名の入所者のケアマネジメントが1名の介護支援専門員の肩にかかります。

介護保険施設で働く専門職

（2002年10月現在）

	介護老人福祉施設	介護老人保健施設	介護療養型医療施設
従事者総数	188,423	140,912	110,770
医師	1,140	2,992	8,032
看護師	6,516	10,430	16,205
准看護師	9,349	17,625	25,865
介護職員	118,203	75,046	47,491
理学療法士	268	2,344	2,679
作業療法士	138	2,080	1,139
言語聴覚士	29	289	437
介護支援専門員	3,924	3,233	2,766
生活相談員・支援相談員	6,204	4,336	—
管理栄養士	3,045	2,536	1,878

注：1 介護老人福祉施設の総数には、施設長を含む。
2 介護療養型医療施設には、介護療養病床を有する病棟の従事者を含む。
3 看護師には、保健師及び助産師を含む。

（資料：厚生労働省「平成14年介護サービス施設・事業所調査」）

生活相談員
社会福祉施設に入所する高齢者や障害者に対して、相談、援助、関係機関との連絡や調整などを行う職種。施設の種類によっては、生活指導員という職名も使われる。

第2章 介護サービスと利用者との接点で活躍します

［ケアハウスやグループホームは介護保険施設？］

answer
居宅扱いで別に規定されています

　介護保険施設には、ケアハウス、有料老人ホーム、グループホームなどが含まれていません。介護保険では、これらは施設ではなく、居宅サービスのひとつとされています。

　ケアハウスなどの軽費老人ホームや有料老人ホームは高齢者を対象にした住宅です。入居時は基本的に自立が条件ですが、住んでいるうちには介護が必要な状態になることもあります。そのような場合、契約内容にもよりますが、所属する介護員から介護サービスを受けることができます。これらの施設の事業者が、施設設備や人員配置などの条件を満たして都道府県知事から指定を受けていれば、それらのサービスは、「特定施設入所者生活介護」のサービスとして介護保険の適用を受けられます。

　グループホームは、おもに痴呆症状がある高齢者が、少人数で介護を受けながら共同生活を送るところです。そのグループホームが痴呆対応型共同生活介護事業と認められ、都道府県知事の指定を受けることができれば、「痴呆対応型共同生活介護」のサービスとして介護保険の適用を受けられます。

　介護保険の利用には常にケアプランが必要になりますが、指定特定施設や指定痴呆対応型共同生活介護事業者にも、特定施設サービス計画や痴呆対応型共同生活介護計画の作成が求められます。そのために、「ケアプラン作成について知識と経験を有する者を専任の計画作成担当者として配置する」こととされており、やはりケアマネジャーの活躍の場のひとつといえます。

　なお、養護老人ホームは介護保険の対象ではなく、老人福祉法による老人福祉施設として位置づけられています。

〈インタビュー2〉

介護保険施設で働くケアマネジャーにきく
本人らしい生活へ向け継続したケアを

話をきいた人●加藤充良さん（介護老人保健施設サンビュー城東支援相談員）

——施設でのケアマネジメントは、どういう点が重要ですか。

　私が勤める介護老人保健施設の場合、在宅生活との継続性ですね。在宅から来られるとすれば、いま利用しているサービスとの継続性は重要ですし、施設から在宅に戻るということになれば、在宅での生活を想定して施設内でのケアプラン（施設サービス計画）を立てていきます。また、どういう条件が整えば在宅に戻れるのかという点も考えます。本人ができることを増やしていくだけでなく、家族の介護能力を高めていったり、環境を整備したりということです。施設のなかだけで完結させず、先を想定しながら施設内のケアプランを立てていきます。

——在宅に戻るのが前提なのでしょうか。

　在宅に戻るケースは多いのですが、それが絶対ではありません。なかには在宅では介護が困難ということになって、特別養護老人ホームなどの長期施設に移る方もおられます。そういう場合には、今後施設生活のなかで、より心地よく本人らしく過ごしていただくためのプランを立てます。個別の利用者ごとの目的や目標に合わせることが大切です。

——入所のときの相談業務のポイントは何でしょう。

　入所相談での相談員の役割は、その方がいまどういう問題を抱えていて、それをどういうふうに解決していくのか整理していくことだと思います。ですから、入所前には必ず利用者本人に会うようにしていて、来られない方は訪問します。

問題点を整理した結果、もしこの施設を利用するよりもほかの選択肢のほうがよいということになれば、そういう提案もしていきます。また、たとえばリハビリテーションである程度機能を回復したいということであれば、どの程度の回復を希望しているのか具体的なイメージを話し合います。もし、その希望が現実とすごくかけ離れているとすれば、「もしだめな場合は、次のことを考えなきゃいけませんね」と布石を打つようなこともしています。

――施設内のケアプランは相談員が立てるのですか。

うちの施設では、ケアプランは実際にケアをする看護介護部が主体となって立てています。利用者1人ずつに看護介護部の担当者がいて、担当者が提案したプランを看護介護部のスタッフがグループで検討して原案を作り、全体のカンファレンスで決定します。原案作成のグループには介護支援専門員が1名以上入っています。

――それでは、入所中は相談員は関与しないのでしょうか。

そうではありません。入所から退所まで相談員が継続的にかかわりを持ち続けていて、間接的にも直接的にも状態を確認しています。必要があれば早めに家族とコンタクトをとって、今後の相談をしたりします。全職種が協力し合ってケアをしているわけですが、相談員はそのコーディネート役です。相談員は現在3名いますが、基本的には同じ相談員が担当して継続性を保つようにしています。

――施設内のケアカンファレンスは、どのようにしておられますか。

平日は毎朝8時半から施設全体の朝礼があり、その日の連絡や夜勤者からの申し送りがあります。そのあと8時40分ごろから9時ごろまで、会議室でケアカンファレンスを行います。参加するのは、看護介護部の看護師や介護福祉士、リハビリテーション担当の理学療法士、作業療法士などと、相談室の相談員です。そこでは看護介護部の担当者がケアプランに基づいて、入所者のケア目標、解決すべき課題、ケア項目などを報告し、各職種が専門領域について、必要に応じてコメントをしていきます。

それぞれの入所者に対するカンファレンスは、入所後2週間経ったとき、次に1か月後というように、いちおう行う時期の基準を設けてありますが、変化があ

かとう みつよし
1961年東京都生まれ。障害者施設勤務、医療ソーシャルワーカーを経て96年より現職。98年介護支援専門員資格取得。併設の居宅介護支援事業所のケアマネジャーを兼務。

ればそのつど見直しをします。

──施設と在宅でのケアマネジメントの違いはどんなところにあるのでしょう。

　ケアプランの立て方で考えると、在宅では、使える介護サービスを組み合わせていく、いわばサービスのパッケージを作ることが中心になりますよね。施設では、より具体的なケアの計画を立てます。たとえば昼間はおむつではなくトイレ誘導をするとか、そのときに声かけをするとか。

　また、ケアマネジャーの仕事という意味では、施設では指定居宅介護支援事業所のように、介護支援専門員が給付管理などをやらなければならないというような規定はほとんどありません。ただし、広い意味のケアマネジメントを考えると、その本質は在宅でも施設でも同じだと思います。

──といいますと？

　これは相談業務でも同じですが、利用者本人や家族のニーズを把握すること。それから、あくまでも主体となるのは利用者本人と家族だということです。ケアマネジャーが何でも決めてしまうというのではなく、本人と家族が判断するお手伝いをするのが役割だと思います。本人と家族が問題の整理をする、その客観的なところをお手伝いするということですね。

──これからのケアマネジメントの課題は何でしょう。

　施設と地域のケアマネジャーやサービス提供事業所との連携は、これからの課題だと思います。うちの施設では、入所中に利用者の状態に変化があった場合、在宅に戻る前に、地域のケアマネジャーや家族を呼んで、こちらのスタッフと合同のケアカンファレンスをするといったことを現在やり始めています。

　在宅ではいろいろなサービスがあって、サービス間の連携をとっていかなければなりませんが、施設はたんにサービスを提供するだけでなく、連携をともに担う役割を持つと思います。在宅でサービス担当者会議を実施するのもなかなか大変で、実際にはまだあまり実施されていません。そんななかで、施設のスタッフと地域のケアマネジャーとの橋渡しをしたり情報交換を行うのは、施設のケアマネジャーの役割だと思います。在宅に戻るということになれば、地域のケアマネジャーがこれからやることのお手伝いをするという感じでしょうか。

（取材は2001年10月）

メモ 4

介護保険施設は必ず指定が必要なの?

answer
許可が必要なものや指定施設とみなされるものもあります

　居宅サービス事業所や居宅介護支援事業所は、介護保険の適用を受けるためには、必ず都道府県知事の指定が必要です。しかし、介護保険施設は、その種類によって違ってきます。

　まず、指定介護老人福祉施設は、基本的には老人福祉法に基づく特別養護老人ホームとして開設が許可されたものです。介護保険の適用を受けるには、あらためて介護老人福祉施設として都道府県知事に申請し、指定を受けなくてはなりません。ただし、介護保険法が施行されたとき、すでに開設されていた特別養護老人ホームは、個別に申請しなくても申請があったとみなされます。

　介護老人保健施設は、施設の開設許可について介護保険法第94条に規定されています。もともと介護保険法に基づいて開設許可を受けたものですから、あらためて都道府県知事の指定を受ける必要はありません。

　指定介護療養型医療施設は、医療法に基づいて療養病床等を有する病院または診療所として開設が許可されたものです。介護保険の適用を受けるためには、あらためて介護療養型医療施設として都道府県知事に申請し、指定を受けなくてはなりません。ただし、介護療養型医療施設は指定介護老人福祉施設と異なり、「みなし指定」は行われません。これは、介護保険の適用を受けなくても、医療保険による運営が可能なためです。

　このように法的な根拠は異なりますが、いずれにしても、介護保険施設として指定を受けたり開設を許可されたりするためには、施設や人員配置などが一定の基準を満たしていなくてはなりません。

第2章

4. 在宅介護支援センターやその他の事業所で働く

●在宅介護支援センターはケアマネジメントの先駆的機関

　介護保険適用の指定を受けるために介護支援専門員の配置が義務づけられているのは、指定居宅介護支援事業所と介護保険施設です。しかし、ケアマネジメントの専門家としてのケアマネジャーが求められている職場はほかにもあります。そのなかでケアマネジメントともっともかかわりが深いのが、在宅介護支援センターでしょう。

　在宅介護支援センターは、寝たきり高齢者など、在宅で介護を必要とする人を支援するための機関です。24時間態勢で家族の相談に乗ったり、さまざまな情報提供を行ったり、サービスの利用を円滑に進めるための連絡・調整を行ったりします。1989年にゴールドプランで制度化され、1994年に老人福祉法のなかに「老人介護支援センター」として法的に位置づけられました。

　職員には、保健師と介護福祉士、看護師と社会福祉士の組み合わせで、医療系専門職と福祉系専門職を1人ずつペアで配置することとされています。これは、縦割りになりがちな福祉サービスと保健医療サービスを統合し、総合的なケアを提供していくことを目的としています。介護保険に先駆けて、ケアマネジメントを行ってきた機関といえるでしょう。

●個別相談を主とする地域型、地域全体の支援を行う基幹型

　在宅介護支援センターには、地域型と基幹型があります。

　地域型は利用者の個別の相談に乗って問題解決をはかるほか、地域の高齢者の実態を把握し、サービス基本台帳を整備します。サービス基本台帳とは、サービ

ゴールドプラン
1989年に策定された、高齢社会に必要な保健福祉サービスの整備目標を定めた「高齢者保健福祉推進十か年戦略」のこと。その後、新ゴールドプラン（1994年）、ゴールドプラン21(1999年)に引き継がれている。

スを円滑に提供するために、支援が必要な高齢者や家族について、基礎情報やサービス計画の内容、実施状況、今後の課題などを記載した台帳です。地域型在宅介護支援センターで働く場合は、指定居宅介護支援事業所と同様に、個別の利用者の相談援助業務やケアマネジメントがおもな仕事になるでしょう。

基幹型は地域型と同様、個別の相談に応じるほか、地域型在宅介護支援センターを支援し、地域ケア会議を実施するなど、地域全体の在宅介護を支援します。地域ケア会議では、次のようなことが話し合われます。

・処遇困難な事例の検討と調整
・介護保険対象外の人への介護予防方法や支援方法の検討
・サービス提供機関や地域型在宅介護支援センターとの連携、調整
・その他地域福祉の向上に関すること

基幹型在宅介護支援センターで働く場合、個別のケアマネジメントだけではなく、地域全体の福祉について考え、活動できる人材が求められます。

また、在宅介護支援センターは、指定居宅介護支援事業所を兼ねたり、要介護認定の訪問調査を受託するなど、指定居宅介護支援事業所と同様の業務を求められることも多いようです。

●サービス提供業者にもケアマネジメントの知識は必要

そのほかケアマネジャーが働く場には、どんなところがあるでしょうか。

P.47のメモで紹介したケアハウスやグループホームでは、ケアプラン作成について知識と経験を有する職員を計画作成担当者として配置することとされています。介護支援専門員の資格は必ずしも必要ではないものの、経験や知識のあるケアマネジャーが求められているといえるでしょう。

また、居宅サービス事業所においても、指定居宅介護支援事業所のケアマネジャーと連携を保ってサービスを提供していくために、ケアマネジメントの知識がある職員が必要とされるでしょう。サービス担当者会議に出席しても、ケアマネジメントの知識がなければ、自分の専門を生かした発言はしにくくなります。在宅介護や訪問看護の仕事をするなら、今後は専門家としてのキャリアをワンランクアップするために、介護支援専門員の資格は欲しいところです。

ルポ❸

取材先◎在宅介護支援センターふれあい
しごと◎基幹型在宅介護支援センターのセンター長

ネットワークを駆使して地域のニーズを探り、必要なサービスを作り上げる。それが本当の在宅支援では

地域で必要なサービスは、自分たちで作る

　在宅介護支援センターには2種類ある。小地域に密着した相談業務を行う地域型と、地域福祉の中核を担う基幹型だ。平井俊圭さんがセンター長をつとめる在宅介護支援センターふれあいは基幹型。一般の相談業務のほか、地域型の在宅介護支援センターを支援したりして、地域福祉全般を向上させる仕事がある。
　「本来ケアマネジメントとは、地域のなかで困っている人を見つけ出してサポートすることです」と、平井さんは言う。「困っている人は、なかなか困っているとは言わないものなので、相談に来るのをただ待っていたのでは見つけ出すことはできません。そのためには、民生委員などと連携し、地域の情報を得るためのネットワークを作る必要があります」。
　また、ケアマネジャーの仕事を、介護保険制度のなかだけで考えるのはおかしい、と平井さんは思う。介護保険以外のサービスも組み合わせて活用するべきだし、必要なサービスがなければ新たに作り出す。
　平井さんと上野市社会福祉協議会は、いままでにさまざまなサポートのシステムを生み出してきた。外国人向けの保育所を作ったことがあるし、お年寄りが生き生きと暮らせるように、あとで紹介する「ふれあい・いきいきサロン」の支援活動もしている。在宅介護支援センターの役割自体も、介護の必要な人へのサポートから、介護の必要がない高齢者を増やす、予防へとシフトしているといって

上野市社会福祉協議会在宅介護支援センターふれあい●DATA
三重県上野市。基幹型の在宅介護支援センターとして、市内6つの地域型センターの支援、地域福祉全体の向上支援などを行う。社会福祉士2名、看護師1名(兼務)。上野市社会福祉協議会は、社協として全国で4番目に訪問看護ステーションを開設するなど、地域のニーズに合わせた活動に取り組んでいる。

いいだろう。

約款を改正して作った訪問看護ステーション

　介護保険に関連するサービスとしては、社会福祉協議会自らが訪問看護ステーションを作り上げたことがあげられる。

　訪問介護をしていると、どうしても医療が必要な場面がある。ホームヘルパーは医療行為ができないので、家族がやるしかない。もし家族ができないと、その人の状態はどんどん悪化する。それを見過ごせないなら、訪問看護をやるしかない。社会福祉協議会が医療サービスをすることには何かと障害があったが、住民が地域で暮らし続けるためにはどうしても必要だからと周囲を説得し、約款を改正して訪問看護ステーションを立ち上げた。いま、訪問看護と訪問介護が一体となってサービスができて、とてもよくなったと平井さんは思っている。

「介護保険のように役所が用意するフォーマル（公式）なサービスは安定していますが、画一的で柔軟性に乏しいんです。だから、地域にとって本当に必要だと思えることは、インフォーマル（非公式）なサービスとして始めればいい。在宅介護支援センターや社会福祉協議会が、民間の補助などを得ながらまずやってみる。それで成功したら行政にバックアップしてもらって、公式なものにつなげていく。本当にその地域に必要なサービスを作り上げるには、そういう形がいいと思うんです」

お年寄りが主役になれる「サロン」活動を推進

　今日の午後は、「ふれあい・いきいきサロン」（以下「サロン」）を花之木地区で開始するための説明会がある。祝日で本来は休日だが、平井さんは会場の花之木市民センターに車で向かった。民生委員やボランティアの人たちと準備をしていると、次々とお年寄りが集まってくる。

　「サロン」は、地域のお年寄りが集まって、みんなで何か

●追いかけた人

平井俊圭（ひらい しゅんけい）さん／1960年三重県生まれ。佛教大学社会学部卒業後上野市社会福祉協議会に勤務。98年介護支援専門員資格取得。地域福祉のリーダー格として介護支援専門員指導者もつとめる。社会福祉士。福祉住環境コーディネーター2級。

「ふれあい・いきいきサロンでは、みなさんが主役です」と熱心に説明する平井さん

楽しいことをやろうという活動だ。社会福祉協議会が全国で推進しており、上野市内では、すでに47か所で活動が行われている。デイケアに通う必要がない健康な人でも、お年寄りは自宅に閉じこもりがち。そういう人が集まって活動することで、生きがいが生まれ、寝たきり予防へもつながる。

「やることは、何でもいいんです。みんなでアイデアを出し合って、楽しいことを考えましょう。いままでの敬老会では、婦人会の方々なんかがお膳立てしてくれていましたよね。でも、サロンは違う。主役はみなさんです。みなさんが自分で考えるから、おもしろくて長続きするんです」と、平井さん。「サロン」の活動を記録した解説ビデオを映し、上野市の伝統工芸の組みひも作りや学生といっしょの料理作りなど、他の「サロン」の活動例をあげて説明を終えた。

その後、「サロン」でできる簡単なレクリエーションを実際にやってみることになった。座ったままやれる風船バレーというものだ。平井さんと学生がひもの両端を手で持ち、部屋を2つに区切る。それから平井さんは、息でふくらませた風船を用意し、ルールを説明する。「風船が自分のところに来たら、手で打って、ひもの上から相手の陣営に戻してください。何回打ってもかまいません。床に風船が落ちたら負けです。それでは、始めましょう」。

風船が飛び交い始めると、何だろうというようすだった人たちが、がぜん熱中しだした。「よっしゃー」「まかしとけ！」「もうちょっと」。かけ声も勇ましく、風船が舞い上がる。風船を打つお年寄りたちの顔が、うっすら紅潮してくる。

風船バレーが終わると、会場の雰囲気は一段となごやかになった。大きな笑い声もあがる。とりあえず何か始めてみようか、という発言もちらほらと聞こえる。「サロン」については、とりあえずきっかけ作りまでが平井さんたちの仕事。あとはお年寄りたち自身の行動を待ち、必要に応じてサポートしていく。

仕事内容は毎日変わる

地域福祉やケアマネジメントの第一人者として全国的な活動にも参加している平井さんは、会議であちこちを飛び回る。指導者研修や介護保険関連のソフト開発など、出張も多い。そのあいまに個別の相談が入るといった状況だ。

昨日は、出勤後、すぐに利用者の相談に対応。そのあと、意思伝達装置を設置

ある日の平井さん

8:30	出勤
9:00	利用者からの相談に対応
10:00	意思伝達装置の設置のため、身体障害者宅を訪問
12:30	事務局会議（宅老所の設置についてなど）
14:30	車で津市へ。車内で昼食
16:00	基幹型在宅介護支援センターの会議に出席
17:00	県社協の人と打ち合わせ
18:30	車で上野市へ戻る
19:30	事務所着
	相談、連絡調整などの残務処理
	帰宅

第2章 介護サービスと利用者との接点で活躍します

するため利用者宅を訪問する。意思伝達装置とは、重い障害でコミュニケーションがとれない人が、指先やあご、視線などの残された機能を使って、コンピュータで文字を表示したり、電子メールを書いたりできるようにする機械だ。設置できる人が少ないので、コンピュータの得意な平井さんに仕事が回ってくる。

センターに戻ると事務局会議。12時半に会議が終わると、津市で開催される県内の基幹型在宅介護支援センターの会議に出るため、すぐに車で出発した。昼食は車の中でパンをかじる。会議終了後、県の社会福祉協議会の人と打ち合わせをして、センターに帰り着いたのは6時半だ。留守中のデスクにはメモがたくさん残されている。そのメモを見ながら、相談や連絡調整であちこちに電話をかけまくる。この日帰宅できたのは7時半だった。

平井さんの仕事には決まったルーチンワークというものはない。毎日、仕事の内容は違ってくる。変わらないのは、ほぼ1日中走り回っていることだ。

めざすは高齢者の在宅を支えるコミュニティケアマネジメント

「私たちも、いずれは年をとります。そのときに、ここの町に住んでいてよかったなと思える町にしたいんです」と平井さんは言う。地域が大切だと思う心は、学生時代にボランティア活動で見たことがもとになっている。「大きな立派な施設は、利用者の顔がみんなうつろなんです。ところが、窓も開かないようなおんぼろ公民館の作業所に行くと、みんな生き生きとしているんですね。自分の居場所があり、やるべきことがある。それが地域で暮らす大きなメリットです。確かに施設に比べて危険はありますが、それなら、地域のなかに施設なみの機能、たとえば医療サービスやひとり暮らしを支えるきめ細かな介護サービスがあればいいと考えたんです」。

在宅を支える地域福祉とネットワークの充実、それが平井さんのめざす「コミュニティケアマネジメント」だ。その目的は、いま実現にかなり近づきつつあると思う。忙しい毎日だが、手ごたえは十分。そんな地域作りに平井さんは今日も飛び回っている。（取材は2001年7月）

別室で風船バレーを実演。最初はややとまどいがちだったお年寄りたちだが…

メモ 5

[これからの在宅介護
支援センターの役割は？]

answer

地域のケアマネジメントの
リーダー役として期待されています

　介護保険が始まって、指定居宅介護支援事業所がその業務の一部を肩代わりするようになったものの、在宅介護支援センターの役割はまだ終わってはいません。

　在宅介護支援センターの多くは、市町村からの委託という形で運営されています。介護保険でのサービス提供の報酬に頼らないため、介護保険にしばられず、中立で公正な立場での活動をしやすいのがひとつの特徴です。さらに、基幹型、地域型と分けられ、地域内で他の在宅介護支援センターと連携しやすく、新しい社会資源を開発したり、指定居宅介護支援事業所間の連絡調整を行うなど、地域のケアマネジメントのリーダー役としての役割も期待されます。将来的には、ケアマネジャーへの支援業務も基幹型在宅介護支援センターの仕事のひとつになるでしょう。

　また、利用者が自分で作成するセルフケアプランは、より自立した介護サービスを利用できる方法として注目されていますが、現在のところほとんど利用されていません。これも、在宅介護支援センターがサポートをすることで、普及が期待できます。

　しかし、現在、在宅介護支援センターで働くケアマネジャーの多くは、指定居宅介護支援事業所のケアマネジャーを兼任したり、要介護度の認定調査を受託したりして、このような在宅介護支援センターならではの役割を果たす余裕がないようです。

　これからの在宅支援センターのあり方、果たすべき役割を正しく伝え、広めて、ケアマネジャーがそのなかで本来の業務を行えるようにしていくこと、これも在宅介護支援センターで働くケアマネジャーの仕事といえるでしょう。

● 第 2 章

あなたはどんな職場で働きたい？

立ち止まってチェック！

STEP 1 次のうち、あてはまるものを選んでください。

項目	記号
バラエティに富んだ仕事をしたい	C
新しいものを作り出したい	C
地域全体を支援したい	C
できるだけ大勢の利用者とかかわりたい	B
利用者だけでなく家族の人をも支えたい	A
大勢の同僚と協力し合える職場がいい	B
1人で行動するのが好き	A
フットワークは軽いほうだ	C
自動車の運転が好き	A
事務仕事は得意	A
パソコンを使える	A
お金の話をするのは苦手	B
目の届く範囲で、きめ細かいプランを立てたい	B
専門分野の仕事をやめたくない	B
知らない人とも堂々と会議で話し合える	C

Aの数	
Bの数	
Cの数	

STEP 2 あなたに向いた職場はここ！

Aが多い人	➡	指定居宅介護支援事業所
Bが多い人	➡	介護保険施設
Cが多い人	➡	在宅介護支援センター

メモ5／立ち止まってチェック！

```
          ┌──────────┐
          │ プロローグ │
          └────┬─────┘
               ↓
 ┌第1章┐ ┌──────────┐
 │    │─│ 資格のあらまし │
 └────┘ └────┬─────┘
               ↓
 ┌第2章┐ ┌──────────┐
 │    │─│ 職場のいろいろ │
 └────┘ └────┬─────┘
               ↓     ◀ あなたはいまここ!!
 ┌第3章┐ ┌──────────┐  ケアマネジャーの
 │    │─│  働く現実   │  さまざまな職場を
 └────┘ └────┬─────┘  知った
               ↓
 ┌第4章┐ ┌──────────┐
 │    │─│ 将来の可能性 │
 └────┘ └────┬─────┘
               ↓
 ┌第5章┐ ┌──────────┐
 │    │─│ 進路の選び方 │
 └────┘ └──────────┘
```

第3章

これまでの
キャリアや所属で
働き方は変わります

大変だといわれるケアマネジャーですが、
実際の働き方はどうなのでしょう。
やりがいはどこに?
労働条件や収入は?
そしてまた、いままでのキャリアはどう生かせる?
気になるケアマネジャーの現実を探ってみましょう。

第3章

1. どう生かせるの?
これまでの専門職としての経験

● **ケアマネジャーになるのは、多くは現場で働く人**

　介護支援専門員になるためには、専門職としての経験や資格が必要です。さまざまな資格や経験が受験資格として認められていますが、実際にはどんな職種の人が試験に合格し、介護支援専門員になっているのでしょうか。

　第6回（2003年）の介護支援専門員実務研修受講試験の職種別合格者比率を見ると、看護師と准看護師がいちばん多く、次が介護福祉士、相談援助業務従事者・介護等業務従事者となっています（表参照）。この順位はこれまでの試験でも変わりません。

　ただ、第1回（1998年）や第2回（1999年）からの合格比率の変遷を見ると、看護師と准看護師、介護福祉士が増加し、相談援助業務従事者・介護等業務従事者は常に一定率の合格者を出しています。逆に大幅に減っているのが医師、薬剤師などです。

　合格者がすべて実際にケアマネジャーとして働くわけではありませんから、この数字だけを見て、単純に結論を出すことはできません。しかし、ケアマネジャーを支えているのは、おもに看護師、介護福祉士、相談援助業務従事者・介護等業務従事者だと考えてよいでしょう。

　指定居宅サービス事業所や介護保険施設で、介護保険の利用者と直接向き合って仕事をする機会が多いのは、この3つの職種です。第1回や第2回試験では、よくわからないまま、さまざまな職種の人が受験したものの、実際に介護保険制度が始まると、介護支援専門員の資格をただ取ってもしかたがないことが理解さ

れ、本当に資格を必要としている人が受験し合格する形に変わりつつあるのでしょう。また、保健師や社会福祉士は、従来業務がケアマネジャーと近いため、受験資格がある人が第1回に集中したことと、本来の人数が少ないために、合格者数の比率が少なくなっていると考えられます。

●**保健医療職と福祉職では得意分野が違う**

同じケアマネジャーでも、ベースとなる専門によって得意分野は違ってきます。実際にケアマネジャーとして働く人の話を聞くと、自分とは異なる専門分野のケアマネジャーの知識や技術への賞賛の声があがってきます。

たとえば保健医療系の職種では、看護師や保健師のケアマネジャーなら、利用者の容態が急に変化したとき、顔色を見るだけで救急車を呼ぶべきか、それとも安静にしているだけでよいのかを即座に判断できます。また理学療法士や作業療法士なら、リハビリテーションの必要性や効果を判断して、ケアプランを作成できるでしょう。歯科衛生士なら、歯の健康という面から利用者の医療や生活を考えられるし、栄養士なら、食欲がない人にどのように食事をしてもらうかなどの相談に乗ることができます。このような専門分野の知識は、利用者の健康状態を見守り改善していくうえで、貴重です。

福祉系の職種では、たとえば介護福祉士のケアマネジャーの場合は、利用者の生活面で細やかな配慮が可能です。また、利用者の状態によっておむつ交換には何分かかる、などを的確に判断できるので、きめ細やかなケアプランを立てられます。社会福祉士なら、身体障害者手帳の申請を勧め

実務研修受講試験合格者の構成比率

職種	第1回	第2回	第3回	第4回	第5回	第6回
看護師、准看護師	33.5%	41.1%	42.9%	40.5%	34.8%	33.7%
介護福祉士	11.2	16.7	23.3	28.7	32.9	33.3
相談援助業務従事者・介護等業務従事者	10.6	9.8	11.6	10.1	10.1	10.5
保健師	10.3	7.4	5	3.9	3.3	2.9
薬剤師	9.2	6	3	2.4	2.5	2.2
医師	9.7	5.2	1.8	1.0	0.9	0.9
社会福祉士	2.9	1.9	2.7	3.3	4.6	4.5
理学療法士	3.2	2	1.4	1.2	1.5	1.6
栄養士＊	1.7	2.5	2.1	2.6	2.6	2.5
歯科衛生士	1.5	1.7	2.1	2.5	2.7	3.0
あん摩マッサージ指圧師、はり師、きゅう師	1.5	1.3	1	1.1	1.2	1.6
歯科医師	1.7	1.2	0.6	0.4	0.4	0.4
作業療法士	1.5	1.1	0.9	0.9	1.0	0.9
柔道整復師	0.9	0.7	0.5	0.4	0.6	0.6
助産師	0.3	0.5	0.5	0.3	0.4	0.4
精神保健福祉士	―	0.5	0.4	0.3	0.4	0.7
言語聴覚士	―	0.2	0.2	0.1	0.1	0.2
義肢装具士	0	0	0	0	0	0
視能訓練士	0	0	0.1	0	0	0.1
合格者数（人）	91,690	68,464	44,088	32,560	29,505	34,634

＊管理栄養士を含む

たり、相談機関を活用するなど、介護保険以外の社会資源を最大限に生かすことができるでしょう。福祉系の専門知識があれば、利用者の生活を改善していく手助けをしやすくなります。

さらに相談援助職の場合は、利用者や家族から話を聞き出して状況を総合的に分析したり、各分野の専門家に問い合わせて必要な情報を調べるなど、コーディネートの仕事が得意です。

●未知の分野へのアプローチが専門分野でも奥行きを広げる

ケアマネジャーにとっては、これらの専門知識や技術はすべて重要です。自分の不得意な分野については、しっかり勉強する必要があるでしょう。しかし、それぞれのケアマネジャーの知識にばらつきがあることをデメリットととらえる必要はありません。異なる分野のケアマネジャーや専門家が職場や研修会などで交流し、連携し合えば、各分野の専門知識を総合的に利用したケアプランの作成が可能です。さまざまな職種のケアマネジャーが存在することで、互いに刺激を与え合い、全体の質の向上につながります。身体介護に詳しい介護福祉士が理学療法士からリハビリテーションの考え方について学び、看護師が相談援助業務従事者から実践的なソーシャルワークの手法を学ぶ。そういうことが、あちこちの事業所や自主的な勉強会で実際に起こっています。

医療機関や施設で仕事をしていると、専門職としての誇りは持てても、直接利用者の生活全体にかかわる機会はそれほど多くはありません。ところが、ケアマネジャーとして仕事をすると、利用者と深くかかわり、自分の専門知識が目に見える形で役立つことが実感できます。そして、より総合的な視点で利用者を見つめることができるようになれば、自らの専門分野にも奥行きが広がります。

それから、一見介護とはかかわりが少ない職種でも、その人の経歴や働き方によっては、ケアマネジャーとして働く意義が大きくなります。たとえば薬剤師について考えてみましょう。病院薬剤師として調剤を担当してきた人にとってケアマネジャーはかけ離れた存在ですが、病棟薬剤師として服薬指導をしたり、町の調剤薬局で利用者の相談に乗ってきた人なら、ケアマネジャーへの転身にはそれほど大きなへだたりはありません。また、そのような立場の薬剤師がケアマネジ

ャーとなって、サービスの輪の中に参加する意義は大きいはずです。
　ケアマネジャーをめざすかどうか、またケアマネジャーに適任かどうかは、職種の違いではなくその人の仕事のやり方にかかわってくるともいえるでしょう。

●職場によっては、専門分野との兼任もできるが…
　ケアマネジャーをやってみたいけれど現在の専門職からも離れたくない、自分にケアマネジャーの適性があるかどうか自信がない、というような人は、兼務という形も考えられます。現在ケアマネジャーの多くは、ほかの職種と兼任で働いています。兼務という形ならば、ひとつの経験としてケアマネジャーの仕事をしてみることはできるかもしれません。
　しかし、たとえば、実際に訪問リハビリテーションの理学療法士とケアマネジャーを兼任する伊藤隆夫さんは、「専門職としての視点に引きずられやすいので、兼任はむずかしい」と話しています（P.66参照）。また、現在のケアマネジャーの多忙さや仕事にかかる責任の重さを考えると、中途半端な立場で仕事をするのはお勧めできません。
　もっとも、特別養護老人ホームで管理栄養士とケアマネジャーを兼任する後藤由美子さんは、兼任について特に問題とは考えていません（P.70参照）。これは、給付管理事務の負担がない施設のケアマネジャーだからかもしれません。職場の状況によって、兼任が可能かどうかは違ってきそうです。
　また、規模が大きな施設や事業所では、数年でケアマネジャーから介護職へ、看護職からケアマネジャーと配置転換していくところもあります。ただし、このような配置転換を実行できるのは、複数のケアマネジャーが在籍し、サービス担当者会議やケアカンファレンスを頻繁に開いて情報を共有できている職場に限られます。ケアマネジャーの仕事は、利用者との信頼関係で成り立っているため、ケアマネジャーが1人しかいないような小さな事業所では、信頼できる後任ケアマネジャーに引き継げるチャンスは少なく、責任を果たそうとすると、なかなか交代はできません。
　こう見てくると、兼任は簡単ではありません。それだけの覚悟が必要です。

ケアマネジャー業務は専任か兼任か

専任 40% ／ 兼任 60%

（兼任の内訳）
- 医師・歯科医師 3%
- 看護師 27%
- 薬剤師 7%
- 保健師 7%
- 介護福祉士 7%
- その他 42%
- 歯科衛生士、理学療法士、作業療法士 2%
- 社会福祉士 4%

全国2000か所の居宅介護支援事業所にアンケート送付。回答数1266件。
（資料：朝日新聞2001年4月5日朝刊による）

ルポ❹

取材先◎たいとう診療所・訪問看護ステーションわっか
しごと◎リハビリテーション部部長

利用者の生活を見る視点こそ、在宅リハビリテーションに、そしてケアマネジメントに必要

寝たきりになりやすい住環境なので、訪問リハは重要

　たいとう診療所・訪問看護ステーションわっかは、東京都台東区の一角にある。理学療法士でケアマネジャーの伊藤隆夫さんは、ここでリハビリテーション部部長をつとめる。周辺は古くからの下町で、何代も続いた個人商店が多い。多くの住居は狭い土地を有効に利用するための小さなビルとなっており、たいていは1階が店で、住居は2階、3階にある。しかもエレベーターはなく、少し足を悪くすると外出できなくなる。住宅環境が寝たきりを生んでいる例が多い地域で、わっかの訪問リハビリテーション（訪問リハ）は重要だ。

　理学療法士としての伊藤さんは、週のうち3日から4日は、1日に約5件の訪問リハを担当する。そのほかの日は、会議や講演、見学者の対応などで予定が埋まる。ケアマネジャーとしては、理学療法士と兼務で約10名を担当。訪問リハと同時にモニタリングや利用票の配付を行っている。

　今日は午後いちばんに、ケアマネジャーとして担当している武廣登志子（たけひろとしこ）さんを訪問し、介護保険の更新の確認と訪問リハを実施する予定だ。

　武廣さん宅は徒歩10分くらいなので、伊藤さんは書類や道具が入ったデイバッグを肩に、徒歩でわっかを出発した。住宅密集地域でエリアが狭いことと、自動車では渋滞に巻き込まれやすいので、たいていは自転車かバイクで移動する。いちばん遠い利用者でも、バイクで20分くらいだ。近いところなら、今日のように

たいとう診療所・訪問看護ステーションわっか●DATA

東京都台東区。生活に密着した地域でのリハビリテーションをめざして1998年に開設。外来診療・リハ、訪問診療・リハ、訪問看護、居宅介護支援事業を実施。職員数23名。そのうち医師1名、看護師6名、理学療法士6名、作業療法士4名、言語聴覚士1名、医療ソーシャルワーカー1名、専任のケアマネジャー2名。

徒歩で訪れることもある。近所には利用者宅が多く、目的地に向かう間も伊藤さんはあちこちの人に声をかけられる。

訓練が続けてできるように、器具の簡単な修理は自分でやる

●追いかけた人

> 伊藤隆夫（いとう たかお）さん／1950年東京都生まれ。高知市の近森リハビリテーション病院で、理学療法士として継続医療室長をつとめ、98年からたいとう診療所勤務。現在リハビリテーション部部長。99年介護支援専門員資格取得。

　今日訪問する武廣さんは、3年前からわっかの訪問リハを受けている。当初はほとんど寝たきり状態だった武廣さんだが、継続してリハを行ううち、やがて伝い歩きできるようになり、いまは歩行器を使って外を歩けるまでになった。リハの成果で寝たきりの人が動けるようになると、伊藤さんは本当にうれしい。

　武廣さんの現在の要介護度は3。ケアプランは、週にデイサービスが1回、それに訪問リハ、訪問看護、訪問介護がそれぞれ1回ずつだ。訪問看護と訪問介護では、入浴介助と散歩がてらの外の歩行訓練のつきそいをしている。訪問リハのときと合わせて、歩行訓練は週3回行っていることになる。

　米屋を営む武廣さん宅に到着した伊藤さんは、店舗の奥の居間に上がり、まず、介護保険の更新通知書類をチェックしてもらった。テーブルに向かって帳簿をつけていた妹さんも、話に加わる。武廣さんはずいぶん状態が改善しているが、要介護度は変わっていない。これなら同じプランを続けていいだろう。

　体調などを聞きながら、まず血圧を測る。「はい、血圧はOKですね。じゃあ、ウォーミングアップしましょう」。伊藤さんは、室内で武廣さんの腕や足を持って、曲げ伸ばしを始めた。「痛いですか？」「痛くないよ。あ、そこはちょっと痛い」。歩行訓練のウォーミングアップだが、身体に触れることで、曲がり具合や筋力をチェックする目的もある。

　ウォーミングアップが終わったら、歩行器を使って自宅の周辺をひとまわり散歩する。裏通りを選んでいくが、車や自転車がよく通る。伊藤さんは、武廣さんにゆっくりとついて歩きながら、周

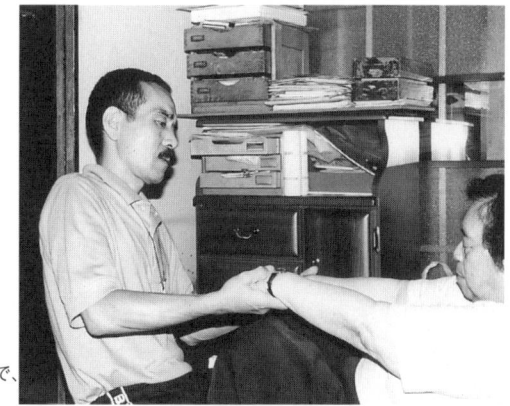

ウォーミングアップで、身体のようすを見る

囲のようすにも目を配る。「あ、車が来たから待って。はい、いいよ」。

しばらく歩くと、武廣さんは「ちょっと休憩」と言って、歩行器にブレーキをかけ座り込んだ。「おや、今日はいつもより休憩が早くない?」「そんなことないよ」。

この歩行器は歩くときは支えになり、疲れたらいすに早変わりする。いすから立ち上がるときに危険がないよう、ブレーキで車輪を止められるようになっている。歩行器のようすを見ていて、伊藤さんはブレーキの具合が気になった。「少しブレーキがゆるくなってるね。あとで直しましょう」。

いつもはぐるっと大きく回るが、夏場は暑いので、無理をしないように距離を短縮している。今日も、ほかの日に訪問するヘルパーや看護師の話などしながら休み休み歩いて、30分くらいで自宅に戻ってきた。

武廣さんが居間に戻ると、伊藤さんはさっそくバッグの中から工具を取り出して、ブレーキを調整し始めた。業者に連絡すれば修理してもらえるが、修理に出すとその間訓練ができなくなる。そこで、機械いじりが得意な伊藤さんは、簡単な修理なら自分でしてしまう。しかし、今回は手に負えないようだ。応急処置はしたものの、連絡して修理に来てもらうことになった。

ケアプランづくりに、もっと専門職の目を

診療所に介護支援専門員は常勤2人、非常勤5人が従事している。専任ケアマネジャーが手いっぱいなので、伊藤さんも理学療法士とケアマネジャーを兼務しているが、本来は専任であるべきだと思う。ケアマネジャーは利用者の状況を全般的に把握する必要があるが、兼務をすると自分の専門に視点が引きずられやすいからだ。また、事務に忙殺されているケアマネジャーの姿を考えると、理学療法士という専門職を持ちながら、専任ケアマネジャーに転職する意味はあまり感じられない。

ただ、理学療法士はその専門性を生かして、もっとケアプランに密接にかかわるべきだと伊藤さんは思っている。そのためには、ソーシャルワーカー的な手法の勉強が必要だ。介護支援専門員の資格を取ったり、ケアマネジャーの仕事を経験したりすることには、その点で大きな意味がある。

伊藤さんは、少し変わった経歴の持ち主だ。大学を卒業してゼネコンに4年勤

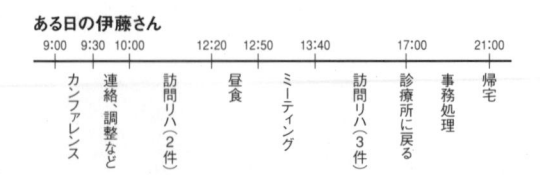

ある日の伊藤さん

9:00	9:30	10:00	12:20	12:50	13:40	17:00		21:00
カンファレンス	連絡、調整など	訪問リハ（2件）	昼食	ミーティング	訪問リハ（3件）	診療所に戻る	事務処理	帰宅

第3章　これまでのキャリアや所属で働き方は変わります

めた後、教師になろうと思って会社を退職。教職免許を取るために、高知県の短大に入り直したが、アルバイトで病院の理学療法士の助手をしたことをきっかけに、再度方向転換を決意する。リハに興味を持った伊藤さんは、理学療法士の養成校に通って、卒業。1985年に理学療法士の資格を取得し、病院に勤めることになった。そして、就職して2年目にリハビリテーション病院の継続医療室の室長を命じられたことから、在宅患者にかかわってきた。在宅経験の多さは、理学療法士としては貴重な存在だ。

在宅の経験からケアマネジメントの必要性を痛感

　伊藤さんは、在宅リハの経験から、常にケアマネジメントの必要性を感じてきた。介護保険以前の在宅ケアは、それぞれの事業所がばらばらに行っていた。ケアの調整役もはっきりせず、やる気のある保健師のこともあれば、ヘルパーのこともあった。そのため、せっかくリハに取り組んでも、在宅介護などとプランの方向性がずれて、せっかくのサービスを生かせず失敗することも多かったからだ。

　これまで理学療法士は、大きな病院に勤務して、在宅ケアに無関心な人が多かった。しかし、リハは本来生活と密接に結びついているはずだ。手足の機能が完全に元に戻らなくても、残された機能を使って別の方法で食事ができたり、服が着られるようになったりすれば、その人の生活は大きく改善される。

　在宅でリハができるようにしていくべきだが、在宅では、一人ひとりの生活に合わせたリハのプランを考える必要がある。しかし、病院のなかにこもって仕事をしていては、そのようなプランを組み立てることは困難だ。「これからの理学療法士には、利用者の生活を見られるようになってほしいですね。いまの理学療法士は、まひのある"人"ではなく、"まひ"そのものを見ていることが多い。そうではなく、"まひがあっても、こんなにできることも持っている〇〇さん"という視点が必要です」。

　伊藤さんの在宅リハに取り組むこの視点こそ、とりもなおさず、ケアマネジメントに欠かせないものでもあるのだ。
　　　（取材は2001年8月）

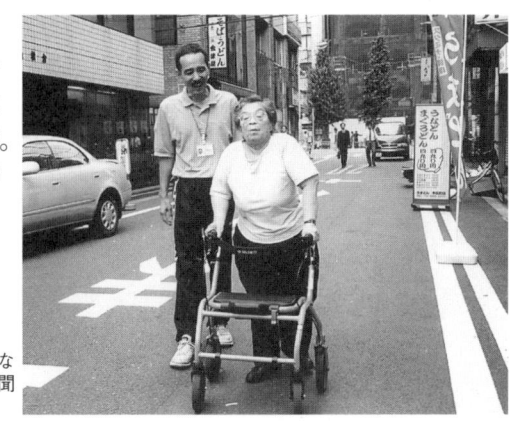

歩行訓練につきそいながら、最近の調子を聞く

〈インタビュー3〉

管理栄養士からケアマネジャーになった人にきく
それぞれの専門性を共有していきたい

話をきいた人●後藤由美子さん（特別養護老人ホーム「にしき苑」栄養課課長）

――栄養士がケアマネジャーになる意味はどういうところにありますか。

　栄養士として利用者の方の処遇を話し合っていると、どうしても栄養面の話だけではすまないんですね。その方のことを全体的にとらえることが必要です。そのためにはさまざまな知識が必要だし、職域を広げるような資格が欲しい。そこでケアマネジャーの資格ができるときに、受験できる専門職のなかに栄養士も入れてほしいと、栄養士会から働きかけたわけです。

――試験勉強は大変でしたか。

　いままで利用者の方やご家族といろいろな部分でかかわっていたので、そんなにむずかしいとは感じませんでした。講習会には行きましたが、このときの知識は、ケアマネジャーの仕事をするうえでとても役に立っています。一生懸命やる人なら、だれでもなれると思います。信念を持っている人なら大丈夫です。

――ケアマネジャーになってよかったと思うことは何でしょう。

　栄養士というのは、どうしても利用者の方と接する機会が少なかったのですが、ケアマネジャーになってからは利用者やご家族と面談する機会も増えて、全般にかかわれるようになりました。それは、すごくよかったと思います。

――いまはケアマネジャーの仕事を中心にされているのでしょうか。

　管理栄養士と半々です。現在、栄養士の仕事も重視されるようになってきました。私はもともとは管理栄養士ですから、栄養士の専門を生かしたケアマネジメ

ントをやっていきたいと思います。訪問調査のときに栄養士とわかると、食事の相談があるんですよ。自分が栄養士という地盤を持っていて利用者と接することで、その人の生活を改善できるのはうれしいですね。

——ケアマネジャーとして、実際にはどんな仕事をしておられますか。

施設勤務なので、介護保険の給付管理は事務部門がやってくれます。施設サービス計画は、看護師、寮母、栄養士などが、さまざまな立場でプランを出して処遇会議で話し合います。ケアマネジャーはそのコーディネート役ですね。

——ケアマネジャーの仕事をしていくうえで大変なことは？

家族の思いと利用者の思いは違うので、そこをうまく調整することでしょうか。利用者の方が心安らかに生活していただくにはどうしたらいいのか考えて、相談に乗っています。

——どんな専門分野の人が、ケアマネジャーに向いていると思われますか。

いっしょに仕事をしている看護師出身の人は、身体面のことに詳しいですね。たとえば、転倒した方を見て、顔色などから病院に行ったほうがいいとか瞬時に判断できる。また、直接介護をしている介護福祉士出身の人は、介護についての視点がしっかりしています。出身の職種によって、ケアプランの立て方が違ってもいいと思います。みんながさまざまな専門性を共有して、参考にし合えばいい。そういう意味では、もっともっと栄養士がケアマネジャーになってほしいですね。

——ケアマネジャーになって困ったことはありますか。

私は特にありませんが、他の施設では、ケアマネジャーになったために栄養士をやめさせられ、事務仕事に回されたという話を聞きました。ただ、何らかの資格を持っていないと栄養士は会議にも出席させてもらえないという施設もあるので、堂々とみんなに意見を言うためには、資格を取ったほうがいいと思います。

——これからケアマネジャーをめざす人にひと言お願いします。

資格を取ることも大切ですが、実際の仕事の経験は重要ですね。まず十分に専門性をきわめてほしい。それから、いい先輩にめぐり会うこと。それも、与えられたものを消化していくだけでなく、積極的に自分から聞きにいってほしいと思います。

(取材は2001年7月)

ごとう ゆみこ
1948年熊本県生まれ。女子栄養大学卒業。管理栄養士。病院などに勤務後、子育てで離職。92年の創設時に「にしき苑」管理栄養士に。99年介護支援専門員資格取得。

2. 利用者に合わせて働き方は毎日変化します

● **勤務時間は、利用者に合わせる部分と自己裁量できる部分あり**

　指定居宅介護支援事業所で働くケアマネジャーにとっては、勤務時間はいちおう定められているものの、決まった時間に働いて決まった時間に休むというわけにはいきません。ケアマネジメントの主体はあくまで利用者ですから、利用者や家族のつごうを優先しなくてはなりません。話が長引いて昼休みにずれこんだり、利用者の家族のつごうで夕方や週末に訪問したりすることもあるでしょう。

　また、利用者の容態が突然変化したときには、緊急の相談を受けることがあります。複数のケアマネジャーがいる職場でも、担当者でなければわからないことがあるため、多くのケアマネジャーは、いつ連絡があってもいいように夜間や休日でも携帯電話を持ち歩いています。小さな指定居宅介護支援事業所でケアマネジャーが1人しかいない場合、長期の休暇をとるのはちょっとむずかしいかもしれません。

　ただし、常にチームワークで仕事をする介護スタッフや看護スタッフと異なり、ケアマネジャーは、職場内では自分自身で裁量できることが多い仕事です。時期を選んで訪問予定を調整すれば、数日の休暇なら三交代勤務のときよりもとりやすくなったというケアマネジャーもいます。

　勤務時間が流動的になりがちなことはひとつの働き方であり、必ずしも悪いことばかりではありません。毎日が変化に富んでいるという考え方もできるでしょう。

● **意外に多い事務処理をどうこなすかがポイント**

　勤務が不規則であること以外に、現在多くのケアマネジャーが忙しすぎて、長

三交代勤務
遅番・早番・夜勤、日勤・準夜勤・夜勤などの3つの勤務時間帯を順番に交代で働く勤務形態。看護職や介護職に多い。

時間勤務をせざるを得ない状況にあります。その原因は、介護保険の事務処理が意外に多いことと、前節でも紹介したように、ほかの職種と兼任で働くケアマネジャーが多いことにあるようです。

指定居宅介護支援事業所では、介護保険の給付管理事務や認定調査が介護支援専門員であるケアマネジャーの肩にかかっています。事務処理が多すぎて本来のケアマネジメントをする時間がないと悲鳴をあげるケアマネジャーは少なくありません。ただ、介護保険制度の事務処理に慣れるにしたがい、仕事が楽になってきたことも事実です。

また、パソコンを使った介護保険事務処理用のシステムが多く開発されていて、比較的安い値段で手に入るようになってきています。そのようなシステムを上手に利用すれば、さらに事務作業の負担を減らすことはできそうです。

● 地域の事情で働き方が変わる

指定居宅介護支援事業所のケアマネジャーの働き方は、地域の事情によってもかなり異なります。利用者宅がどの程度遠方かで、訪問の手間もずいぶん変わります。狭い地域に集中していれば何回も訪問できますが、郊外で１軒１軒が離れているような地域では、１回訪問するのも大変です。

サービスの価格（報酬単価）にしても、全国一律ではなく、地域と介護の種類によって異なります。介護費用は人件費をはじめとするその土地の相場で決まるので、たとえば人件費の高い東京や大阪では一定割合を加算、というように、さまざまな加算があるのです。

また、都市部では、サービス事業者が多数存在するため、サービス提供票や給付管理票の区分けが大変です。利用者のために最適なサービスを公正に選択しようとすれば、数が多くなるのは避けられません。逆に地方では、サービス事業者の数や種類が少なく、必要なサービスを紹介できないことがあります。

多くのケアマネジャーは、地域の特性を考慮して自分なりのやり方を編み出しています。地域や事業所の事情を考え、しかしそれに流されすぎず、利用者にとっていちばんよい対応を工夫していく。これこそケアマネジャーならではの仕事です。

業務を行ううえでの問題点

（複数回答）

ケアプラン作成の事務量が多い	63%
介護報酬請求の事務量が多い	41%
介護報酬に結びつかない業務が多い	55%
ケアプランの作成料が安い	51%
ケアプランの変更が多すぎる	29%

全国2000か所の居宅介護支援事業所にアンケート送付。回答数1266件。
（資料：朝日新聞2001年４月５日朝刊による）

利用者に合わせて働き方は毎日変化します

ルポ❺

取材先◎潤生園高齢者総合サービスセンター
しごと◎在宅支援サービス課のケアマネジャー

利用者の状況もプランも流動的。
臨機応変に動いて
大変さをやりがいに変える

次々と起こるプラン変更に、てきぱき対応

　潤生園高齢者総合サービスセンターは、相談・援助サービス（在宅介護支援センターと居宅介護支援事業所）、ホームヘルプサービス、訪問入浴サービス、デイサービス、ショートステイサービスなど、在宅介護サービスを総合的に提供している。佐藤光子さんは、その相談・援助サービス部門で、ケアマネジャーとして働いている。

　出勤は8時半。出勤すると、まずケアマネジャー同士で30分のミーティングをする。サービス事業所からの連絡や予定の確認、新規利用者の紹介など、伝達事項は多い。時間をとるのは大変だが、横の連絡は大切だ。

　ミーティングが終わったら、やることは山ほどある。今朝は、ショートステイ中の人が体調を崩したので、家族と相談して今後の予定を調整。次に担当利用者のプラン変更について、各事業所へ連絡する。連絡といっても、電話1本ですむことは少ない。担当者が不在のこともあるし、サービスが満杯なら利用者に確認して、ほかの事業所をあたる必要もある。ショートステイはいつも満杯状態なので、日にちを変更するとなるとキャンセル待ちが必要だ。

　佐藤さんは、現在、約90名の利用者を担当しているが、プランの変更は多い。利用者はみんな高齢なので、体調の変化が大きいし、家族のつごうで日にちをずらしてほしいという要望もある。1か月のうち3人に2人はプラン変更があり、

潤生園高齢者総合サービスセンター●DATA

神奈川県小田原市。運営母体の社会福祉法人小田原福祉会は1977年に設立。特別養護老人ホーム潤生園、配食サービスなど総合的な高齢者福祉事業を展開している。高齢者総合サービスセンターは、そのなかで在宅介護関連事業を担当。ケアマネジャー7名、パソコン通の事務員2名で約450名の利用者をサポート。

多い人は毎週のように変わる。

佐藤さんは、てきぱきと片づけていくが、その間も事務所の電話は鳴りっぱなしだ。新規利用について問い合わせの電話がかかってきたので、佐藤さんが相談に乗った。「介護保険の申請はしていますか。要介護度の認定は受けていらっしゃるでしょうか」。事務手続きなど詳しいことは訪問してから説明するが、電話でだいたいの状況や希望を聞いて相談に乗るだけでも、30分くらいはたっぷりかかる。

●追いかけた人

佐藤光子(さとう みつこ)さん／1944年秋田県生まれ。看護師として20年以上病院に勤務。96年潤生園へ就職。在宅介護支援センターに看護師として勤務後、相談員となる。2000年介護支援専門員資格取得。介護保険制度発足と同時にケアマネジャーに。

プランは、介護する家族のことも考えて立てる

今日は午前中に3件の訪問を予定している。佐藤さんは、10時ごろに席を立って、外の駐車場に向かった。利用者宅への訪問は、いつも園の車を運転していく。潤生園は小田原市郊外にある。坂の上に建っているうえ、担当地域には遠く離れたところもあるので、車がないと訪問はむずかしい。佐藤さんが担当する利用者のなかには、車で片道30分から40分かかる家もある。

今日の訪問は、来月の予定を打ち合わせて利用票を渡すのが目的だ。同時に先月の実績を確認し、今月のようすを聞き、必要ならプランを変更する。何度も訪問するのは時間的になかなかむずかしいので、書類に印鑑をもらう必要がある場合などは、できるだけ利用票を持っていくときに合わせて、一度ですませるようにしている。

訪問1件については、だいたい1時間から1時間半くらいかかる。3件の訪問をすませて事務所に戻ると、すでに午後1時になっていた。

昼休みは12時半から1時半。とはいえ、訪問や相談業務があると、どうしても時間がずれこむ。食事の最中にも電話はかかってくる。また、午後に訪問の予約が入っていると、食事をする時間がないまま、出かけることもある。

午後の連絡や相談業務のあ

プラン変更の連絡は、電話1本ですまないことが多い

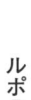

いまを利用し、ショートステイを利用している担当利用者の宇佐見馨さんを訪ねることにした。ショートステイ施設やデイサービスの施設は同じ建物の中にある。佐藤さんは、利用者がショートステイやデイサービスを利用するときは、できるだけ顔を合わせることにしている。

宇佐見さんは73歳の男性。脳卒中で身体が不自由になって22年になる。現在は要介護度は4。佐藤さんが立てたプランでは、月曜から木曜までの週4回デイサービスに通い、毎月第2、第4の土曜から月曜まではショートステイを利用する。

宇佐見さんの介護はもっぱら奥さんが行っていたが、2年前に奥さんは子宮がんの手術をした。血圧が高く、腰痛もある。「介護する人の具合が悪いと、介護されている人も精神的に落ち込むんですよね。だから、奥さんの体調を考えてプランを立てるようにしています」と佐藤さんは説明する。そんな佐藤さんを眺めて、「佐藤さんには、いつも相談に乗っていただいてます。私の主治医みたいなもので、女房よりも頭が上がらないんです」と話す宇佐見さんの目は、佐藤さんへの信頼に満ちていた。

「ケアマネジャーは何でも屋」を自認

席に戻ってくると、ほかのケアマネジャーから相談を持ちかけられた。「ああ、それはやっぱり往診を頼んだほうがいいんじゃないかしら」。潤生園のケアマネジャーは現在7名だが、5名は介護福祉士で、看護師は佐藤さんひとり。医療関係のことでは、何かと佐藤さんが頼りにされている。

入院の手配や入院中の相談など、医療は本来介護保険の対象ではない。しかし、ケアマネジャーとしては、困っている利用者を置き去りにするわけにはいかない。何でも屋として相談を受けることになる。

先日、佐藤さんは褥瘡がひどい人の相談を受けた。医師の往診を頼んだら、いますぐ入院して切開が必要だという。佐藤さんはあちこちの病院に電話をかけて、受け入れ先を探すのに半日かかった。「普通だったら、診察した医師が紹介してくれるはずなんですけど、あいにくいつもの病院はいっぱいだというんです。しかたないからそちらで探してくださいと言われても、利用者は情報がないし、どこに連絡すればいいのかもわかりませんよね。入院の手配は、制度上はケアマネジ

ある日の佐藤さん

8:30	出勤
9:00	ミーティング
10:00	サービス調整や連絡
13:00	訪問（3件）
	事務所に戻る
	昼食
	サービス調整、相談への対応など
15:00	ショートステイ利用者の状況確認
15:30	サービス調整 実績チェック
22:00	帰宅 相談への対応など

ャーの仕事ではありませんが、ほうっておくわけにはいきません」。

利用者のなかには、何でもケアマネジャーに言えばいいと思っている人もいる。一度、配管がつまったがどうしようという相談を持ちかけられて、驚いた。しかし、途方に暮れた利用者にとって、ケアマネジャーは唯一頼れる存在だ。気軽に何でも聞いてもらえる雰囲気作りは大切だと、佐藤さんは考える。

責任を持ち、頼りにされている実感がやりがいに

「相談業務って、時間でははかれないんですよね」。仕事が終わって、さあ帰ろうと思ったときに、突然相談に来る人がいても、断れない。佐藤さんの勤務は日勤で、終業時間は午後5時半ということになっているが、6時ごろに帰れるのは週1回くらい。遅いときには10時になることもある。

時間が不規則なのは、介護保険が始まる前もあとも同じだ。「ただ、介護保険になって、給付管理や請求といった事務処理が予想外に増えてしまいました。本来の相談業務以外のそういう部分は、やはりちょっと負担に感じています」。潤生園では、できるだけケアマネジャーの負担を減らそうと、パソコンのソフトを選んだり、2名いる事務員に入力作業を頼んだりしている。「そういう点では、恵まれていると思います」。

仕事が大変なわりには、介護支援専門員の資格を取っても、特別手当が出るということはない。病棟看護師時代に比べると、むしろ収入は減っている。「それでも続けているのは、利用者の方といっしょに考え、何とか改善の方法を見つけ出す、そんな相談業務が好きだからです。好きじゃないと、やっていられません。在宅はむずかしいと言われた要介護4で入院中の方を、プランを工夫して退院してもらえたときなど、本当によかったなあと思います」。

看護師時代には、医師の指示で動いていた。それに比べ、ケアマネジャーは自分で考え、自分の判断で動ける。利用者の生活全般にかかわることができ、そのぶん頼りにもされている。責任は大きいが、佐藤さんは、そこに看護師時代にはなかったやりがいを感じている。

（取材は2001年7月）

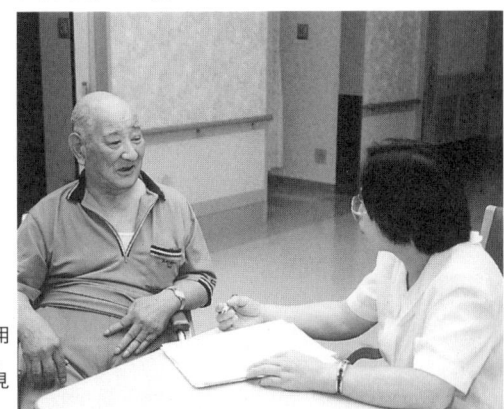

ショートステイを利用する人がいるときは、できるだけようすを見にいく

第3章
3.
資格を取ることで給与や待遇に変化あり？

●平均月収は約27万円

　どんなにやりがいのある仕事でも、働くからには給与や待遇は気になります。ケアマネジャーの収入は、どのくらいになるのでしょう。財団法人介護労働安定センターの2000年度「事業所における介護労働実態調査」によると、ケアマネジャーの平均月収は27万6057円です。また、朝日新聞による「全国ケアマネジャー調査」では、20万円以上25万円未満が29％で25万円以上30万円未満が22％ということなので、25万円前後の人が多いといえるでしょう。

　2000年度の大卒初任給の平均が19万3700円（旧労働省発表資料）ですから、それほど低賃金とはいえないものの、ケアマネジャーが少なくとも5年以上の実務経験を持つ専門家であることを考えると、けっして高給とはいえません。

●給与アップ、手当などで収入が増える職場は少数派

　大規模な社会福祉法人や医療法人では、介護支援専門員の資格を取れば無条件に基本給がアップするところもあります。しかし、大半の法人では資格の有無で基本給に変化はありません。資格ではなく職種で手当を変える職場もありますが、前述の「全国ケアマネジャー調査」でも、ケアマネジャーとして働くことへの特別手当が「ある」と答えているのは25％のみです。なかには、介護職や看護職には夜勤手当や技術料がつくため、ケアマネジャーになるとかえって給与面では不利になるというケースもあります。他の職種と比較して、ケアマネジャーが給与面で特別厚遇されているということはなさそうです。

　大規模な法人では従来からの職員に受験資格を持つ人が多く、制度スタート時

第3章　これまでのキャリアや所属で働き方は変わります

社会福祉法人、医療法人
社会福祉法に規定された社会福祉事業を行うことを目的に設立されたものが社会福祉法人。医療法に規定された医療行為を事業として行うことを目的に設立されたものが医療法人。

介護報酬の単位
保険給付対象のサービスに要する費用の算定基準として厚生労働大臣が定める。単位は10円〜10.72円の地域別単価をかけた額が実際の支払い額となる。居宅介護サービス計画費850単位は8500〜9112円となる。

からたくさんの人が資格を取得しました。ケアマネジャーは不足がちといわれますが、ある程度十分な数の有資格者が確保できているといえるでしょう。またこのような法人では、介護職や看護職がチームワークで仕事をしているために、将来介護職からケアマネジャー、ケアマネジャーから介護職のような配置転換も考えられます。そのため、たとえなり手が不足しても、経営者としてはケアマネジャーのみを優遇するわけにはいかないという事情もあります。

●**小規模事業所では高給での募集も。でも運営方針に問題あり？**

それでは小規模の事業所では、どうでしょう。指定居宅介護支援事業所や介護保険施設では、介護支援専門員を最低1名以上置かなければなりません。特に新しい事業所では、ケアマネジャーがいないと事業自体が成り立たないので、高給を提示して募集する例は少なくありません。

高給を出す以上は、経営者はその元を取ろうとします。しかし、現在の介護保険の報酬額では、ケアマネジャーの仕事だけでは、それに見合う収入を得ることがむずかしくなっています。2003年の報酬額改定ではこの点の見直しが行われましたが、それでも介護保険で支払われる1か月あたりの居宅介護サービス計画費は850単位、訪問看護費は、1回あたり343単位〜1198単位です。何回も利用者宅を訪問し、ケアプランを変更してサービスの連絡・調整を行っても、1か月の報酬が1〜2回の訪問看護費とほぼ同じにしかなりません。

そのため経営者の考え方によっては、利用者にとって最適のプランを立てることよりも、関連する居宅サービス事業所のサービスをプランに入れることを優先させられたり、許容量以上の数の利用者を担当させられたりして、本来のケアマネジャーの仕事ができなくなる恐れがあります。

こう見てくると、専門職の人がケアマネジャーに転職するメリットは、収入面だけから見ると少ないようです。ただ、ボランティアでホームヘルパーをしてきた人などにとっては、ステップアップするきっかけになるでしょう。

介護関連の職種別平均所定賃金

職種	平均所定賃金額（円）			
	月給	日給	時間給	全体(月)
ホームヘルパー1級	210,079	7,590	1,229	190,018
ホームヘルパー2級	193,355	7,318	1,235	130,736
ホームヘルパー3級	187,724	6,974	1,160	116,434
ケアマネジャー	282,697	11,566	1,656	276,057
医師	667,675	33,740	11,856	566,867
看護職員	249,384	8,128	1,354	225,322
社会福祉士	240,628	7,787	1,086	235,988
介護福祉士	214,358	7,878	1,136	208,754
理学療法士	294,444	19,495	4,552	251,371
作業療法士	290,616	15,092	3,131	253,413

全体(月)とは、個々の労働者の平均所定賃金に労働時間または就労日数を乗じて月収換算（日給・時間給のみ）した値の平均値。
（資料：財団法人介護労働安定センター「2000年度介護労働実態調査中間結果報告」）

第3章

4. 専門職としての誇り、精神的な満足度は?

●結果の違いがプロとしての満足度につながる

　専門家とは、いったいどんな人でしょう。専門知識や技術、経験の豊富さはもちろんですが、プロとアマの大きな違いは「同じことをやっても、結果が違う」ことでしょう。ケアマネジメントについていえば、プロのケアマネジャーのかかわりによって、担当利用者の状況が著しく改善されていくときに、ケアマネジャーは非常に大きな満足感を得られます。チームで看護や介護を行うことの多い看護師や介護福祉士の職種に比べ、個人が責任を持つケアマネジャーでは、仕事がうまくいったときの満足感はさらに大きくなるようです。

　たとえば、適切な訪問リハビリテーションや訪問看護を勧めることで、ほとんど寝たきりだった人が、ゆっくりと歩けるまでに身体機能が回復したとき。また、要介護度が高く自宅に帰ることは困難と言われた人なのに、住宅を改修して、訪問介護や訪問入浴を組み合わせ、さらに家族と連絡・調整をして援助を引き受けてもらい、自宅での生活が可能になったとき。そんなときに、多くのケアマネジャーが大きな達成感と満足感を味わっています。

　また、一人ひとりの人生と大きくかかわれることも、ケアマネジャーのやりがいを支えています。担当していた利用者が亡くなるときに「あなたにめぐり会えてよかった」と言ってもらった経験が一度でもあると、「どんなに仕事が大変でも続けたい」と言うケアマネジャーは少なくありません。

●悩みは、理想のケアマネジメントをなかなか達成できないこと

　このようにケアマネジャーは、仕事に成功すれば、大きな達成感や満足感を得

られます。しかし、実際にはなかなか理想のケアマネジメントができない現実があって、それが多くのケアマネジャーの悩みの種になっているようです。

長崎県社会保障推進協議会が実施した「介護支援専門員に対するアンケート調査結果」では、仕事の満足度で「とても満足」「まあまあ満足」と答えた人は、全体の1割程度でした。そして「やや不満」「不満」と答えた人は、居宅介護支援事業所勤務のケアマネジャーでは73.9％、介護保険施設勤務では66.6％に上ります。

その不満の内容としては、まず「忙しすぎる（事務的仕事に追われている）」「利用者の話を十分に聞けない」があげられています。事務仕事に追われて、現実的には、じっくりとケアマネジメントに取り組む余裕がないケアマネジャーの姿がかいま見えています。また、約6割のケアマネジャーが「自分自身の力量不足」に不満を感じているのは、勉強してスキルアップをしようにも、まだ研修会などの機会が少ないことがあるのでしょう。それは、「介護サービス担当者との連携が十分にとれない」「主治医との連携が十分にとれない」などの地域ネットワークの未熟さによる情報の少なさにも起因するかもしれません。

●サービスの不足、評価の低さが課題

さらに朝日新聞の「全国ケアマネジャー調査」（P.65図参照）によれば、多くのケアマネジャーが、困ることとして「地域のサービス不足」をあげています。現実的な事情に合わせて臨機応変に対応するのがケアマネジャーの仕事とはいえ、いっそうのサービスの充実が望まれます。

また、責任が重いわりに報酬として評価に結びついていないことも、ケアマネジャーのやりがいをそぐ原因と考えられます。今後、第4章で取り上げるように介護保険制度の見直しでケアマネジャーがより重要視され、社会的にもその仕事の大切さが認知されていくようになれば、状況は変わってくるかもしれません。

介護支援専門員としての仕事の満足度

	居宅	施設	その他
とても満足	0.00%	1.60%	0.00%
まあまあ満足	11.00%	9.50%	8.80%
やや不満	48.80%	33.30%	15.60%
不満	25.10%	33.30%	46.70%
どちらでもない	13.40%	19.10%	22.20%
無回答	1.70%	3.20%	6.70%

具体的な不満の内容（複数回答）

	居宅	施設	その他
忙しすぎる（事務的仕事に追われている）	67.40%	66.70%	75.00%
利用者の話を十分に聞けない	55.80%	45.20%	60.70%
介護サービス担当者との連携が十分にとれない	20.90%	19.00%	42.60%
主治医との連携が十分にとれない	34.00%	11.90%	46.40%
自分自身の力量不足	59.10%	64.30%	64.30%
制度上の問題がある	31.60%	9.50%	39.30%
その他	15.80%	4.80%	14.30%
無回答	0.00%	0.00%	7.10%

県内居宅介護支援事業所と介護老人福祉施設の計497か所にアンケート送付。回答数193か所（403人）
（資料：どちらも長崎県社会保障推進協議会「介護支援専門員に対するアンケート調査結果（実施期間：2001年6月6日～6月27日）」）

第3章 5. いざ、仕事を探すには

● 医療保健職や福祉職なら、いまの職場で資格を生かせる

　介護支援専門員の資格を取ってから、ケアマネジャーとして働くには、どうやって職場を見つければよいのでしょうか。

　もともと介護関連の保健医療職や福祉職についているなら、いままでの職場でも知識や資格を生かすことができます。当初はこれまでの職種で働くとしても、将来つける仕事の幅が広がったことでキャリアアップにつながります。また、試験勉強をしたことや研修で得た知識は、訪問介護や看護、介護保険施設での仕事に役立ちます。あるいは兼任でケアマネジャーを頼まれるかもしれません。サービス担当者会議やケアカンファレンスでも、より自信を持って積極的に発言できるようになるでしょう。

● 職場を軸にして専任ケアマネジャーをめざす

　思う存分働きたいなら、専任のケアマネジャーをめざして、関連事業所への配置転換を願い出る方法もあります。ケアマネジャーとして働く場は、第2章で紹介したように、指定居宅介護支援事業所、介護保険施設、在宅介護支援センターなどがありますが、そのなかでもいちばんケアマネジャーらしい働きができるのは、指定居宅介護支援事業所でしょう。

　指定居宅介護支援事業所では、一般にケアマネジャーは不足がちなので、ふだんからのあなたの活躍次第では、関連事業所やサービス担当者会議などで協力している事業所から、引き抜きの声がかかるかもしれません。勉強の成果や働きぶりが認められるのは、大変うれしいことです。ただ、なかには第3節で述べたよ

うな営利優先の事業所があるかもしれません。たとえ引き抜きの話があっても、転職先の情報をしっかり集めてから判断しましょう。

　また、ケアマネジャーは、サービス調整の過程やサービス担当者会議で、地域の介護サービス事業所と協力し、情報交換していかなくてはなりません。地域の人間関係がよくないと、仕事が大変むずかしくなります。同じ地域の別事業所に転職するときなどは、退職後も元の職場にサービス提供を依頼することもありますから、元の職場に迷惑をかけず、できるだけ円満退職を心がけたいものです。

●**求人広告やハローワーク、福祉人材センターで仕事を探す**

　保健医療職であっても、病院勤務など高齢者介護とあまり関連がない職場だったり、しばらく仕事をやめていて再就職したいようなときだったりすれば、新たに就職先を探さなくてはなりません。

　まず、通常の仕事探しと同様に、新聞広告や求人雑誌をチェックしましょう。また、ハローワークに出かけて求人票を見てみましょう。福祉関係の仕事を重点的に紹介してくれるハローワークが全国に存在するので、地域のハローワークで教えてもらって、そういうところにも行ってみるとよいでしょう。

　そのほか、福祉関係の仕事を探すには、福祉人材センターや福祉人材バンクを利用する方法があります。

　どちらも福祉関係の仕事をあっ旋・紹介してくれる公的な機関で、福祉人材センターは都道府県に1か所ずつ、福祉人材バンクはより狭い地域を対象に、都道府県によっては複数存在します（P.145参照）。ただし、福祉人材バンクは就職のあっ旋はせずに、職業情報の提供のみのところもあります。自分の居住地域の福祉人材センターや福祉人材バンクに問い合わせ、紹介内容を確認してから出かけるとよいでしょう。地元にこだわらないなら、近隣の都道府県の福祉人材センターも回ってみましょう。

●**インターネットやサービス提供事業者リストを活用**

　インターネットを利用できる環境にあるなら、ホームページで探す方法もあります。社会福祉法人全国社会福祉協議会・中央福祉人材センターが運営するホームページ（http://www.shakyo.or.jp/hot/）では、福祉の仕事に関する情報を得

られるほか、全国の求人情報を条件別、地区別に検索することができます。また、近隣の医療法人や社会福祉法人、介護保険施設などのホームページを探せば、ケアマネジャーの求人情報が掲載されているかもしれません。そのほか、インターネット関連では、WAMNET（http://www.wam.go.jp/）に全国の介護事業者リストが掲載されています。そういうものを参考にすれば、ケアマネジャーを募集しそうな事業所は、すぐにわかります。

　近隣の指定居宅介護支援事業所や介護保険施設、在宅介護支援センターにひとつずつ、ケアマネジャーを募集していないか問い合わせてみるのもよいでしょう。市町村では、たいていの場合、一般の人が介護保険を使ったり相談をしたりしやすいように、介護保険を利用できる事業所のリストを作成しているはずです。役所などで入手できるでしょうから、そのリストを活用しましょう。

　それから、できるだけ多くの人に自分がケアマネジャーとして就職先を探していることを伝えておきましょう。どんな人から紹介を受けられるかわかりません。ケアマネジャーは毎年大人数を募集するようなものではありませんから、公募はせずに人づての紹介で決まってしまうことも多いと考えられます。実務研修で知り合った人などにも、その人の職場でケアマネジャーが不足していないかたずねてみるとよいかもしれません。ともかく熱心に探していれば、協力してくれる人も増えてきます。

●利用者の声を聞こうとする事業所で働きたい

　ケアマネジャーとして職探しをするとき、給与や待遇のほかに、その事業所の方針をチェックしておきたいものです。労働条件が多少悪くても、経営者がケアマネジャーの仕事の重要性を理解している職場はとても働きやすいものです。

　事業所の経営方針を探るには、職員に知り合いがいれば直接たずねてみるのがいちばんですが、そういう人がいない場合は、利用者の評判を聞いてみる方法もあります。近所にその事業所を利用している人がいれば、職員の対応ぶりのほか、ケアマネジャーがどのくらいの頻度で訪問してくれるか、困ったときにすぐ対応してくれるかなども聞いてみましょう。

就職先の探し方

●現在の職場でキャリアアップするには
・現職との兼任でスキルをみがく
・専任ケアマネジャーとして、関連事業所への配置転換を希望する
・仕事上のつきあいのある事業所などからの引き抜きを待つ

●新しい職場を探すには
・求人広告をチェックする
・ハローワークで探す
・福祉人材センターや福祉人材バンクを利用する
・インターネットで検索する
・口コミを最大限に活用する

● 第3章

ケアマネジャーの働き方がわかった？

立ち止まってチェック！

問 ケアマネジャーの職業生活について、あなたの理解度をチェックしましょう。以下の項目で、正しいと思うものに○、間違いと思うものに×をつけてください。

1　これまでの仕事の専門知識や技術があれば十分やっていける
2　毎日決まった時間に帰宅できる
3　介護保険にかかわる事務処理が多い
4　毎日の仕事内容が変化する
5　資格を取れば、給料に手当がつく
6　みんなから尊敬される
7　プロとしての精神的な満足度は高い
8　いまの職場で資格を生かせる可能性がある
9　就職先には困らない
10　全国どこでも同じように働ける

答

1	△	いままでの専門知識を生かせます。ただし、別の分野の勉強も必要です。
2	×	勤務は日勤のみですが、利用者のつごうに合わせて勤務時間外に訪問や電話連絡が必要になることがよくあります。
3	○	介護保険の給付管理など、事務処理が多くなります。ただし、施設勤務の場合はそれほどでもありません。
4	○	一応のスケジュールはあっても、毎日が変化の連続です。
5	△	一部の事業所では資格に対して手当を支給していますが、そうでないところもあります。新しく採用募集をする事業所では、高給優遇というところも…。
6	△	プロとして尊敬される面はありますが、利用者、家族、スタッフとはあくまで対等の立場です。
7	○	ケアマネジャーとして利用者や家族とかかわることで、利用者の状態がよい形で変化したときに得られる満足度はとても大きいものです。
8	○	いままで働いてきた施設・機関に勤めながら、資格を生かせる可能性があります。
9	△	全体としては人数が不足していますが、募集枠がそれほど大きくないため、現在のところ新規採用数はあまり多くありません。これからの制度整備によっては期待がもてます。
10	×	ケアマネジャーの仕事の本質は同じですが、担当区域の広さ、報酬単価、サービスの充実度など、地域の特性によって実際の働き方は変わってきます。

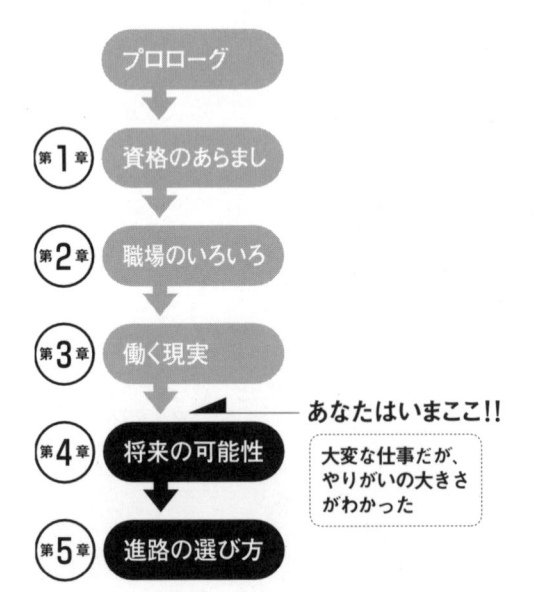

```
プロローグ
  ↓
第1章 資格のあらまし
  ↓
第2章 職場のいろいろ
  ↓
第3章 働く現実
  ↓
第4章 将来の可能性 ← あなたはいまここ!!
  ↓              大変な仕事だが、
第5章 進路の選び方    やりがいの大きさ
                 がわかった
```

第4章
考えておきたい これからの ケアマネジメント

要介護者の意識や家族の役割が
変わっていくにしたがい、
介護の社会化は今後さらに進んでいくはずです。
多種多様な介護サービスも登場してきます。
これからのケアマネジメントに求められるもの、
ケアマネジャーに期待されることを考えてみましょう。

第4章

1. さらに進む「介護の社会化」

●介護は長期化・重度化し、家族だけの介護は限界に

　これまで高齢者の介護は、家族が中心になって支えてきました。しかし高齢社会では家族も高齢化が進み、高齢者が高齢者の介護をする「老老介護」が問題になっています。また、核家族化や女性の社会進出、都会への労働力移動などで、家族の介護力も弱まってきました。高齢者だけの世帯が次第に増えて、2025年には世帯主が65歳以上の世帯が1843万世帯で、そのうち単独世帯が680万世帯、夫婦のみの世帯が609万世帯になると推定されています。

　また、医療などの発達で、最近では寝たきりの人でも、適切なケアを受ければ、かなり長い期間存命できるようになっています。それは大変喜ばしいことですが、その反面、介護の長期化・重度化が問題になっています。さらに時代による考え方の変化から、高齢者自身が「できるかぎり子どもの世話にならずに、自立して生活し続けたい」と考えるようになってきています。

　これらの状況を考えると、もはや家族だけで介護をしていくことが適切とは思われません。限界と思われる状況で、無理に家族だけで介護をしようとすれば、本人も家族も不自由に耐えることになり、場合によっては健康を害したり、生命の危険にさらされることにもなります。高齢社会のなか、社会的な制度やサービスを利用する介護の社会化は、将来ますます進むことでしょう。

●プロによる継続的なケアマネジメントが求められる

　介護の社会化が進むと、介護は大きく変わっていくと考えられます。介護の社会化とは、ただ社会的な制度やサービスが家族の代わりをつとめるということで

老老介護
高齢者を介護する家族もやはり65歳以上の高齢者である介護。体力的、精神的な負担が大きいと指摘されている。

はありません。介護のプロがかかわることで、家族による介護とは別の視点からきめ細やかな対応が可能になり、ニーズに合わせたサービスが生み出されていきます。また、利用者の側にも「家族やボランティアの世話になる」という考え方から、「お金を払ってサービスを買う」という意識の変化が生まれ、遠慮しないで自分の要望を表明したり、苦情を申し立てたりするようになります。このことも、サービスの多様化につながっていきます。

このような形でサービスが多様化すると、それを的確に運用するケアマネジメントは、より重視されるようになるでしょう。

さらに、介護の長期化・重度化が進むことでも、プロのかかわりは切実に求められます。重度の介護を必要とする人を長期にケアしていくには、細かな状況の変化を的確に判断したり、そのときどきで適切なサービスを重層的に組み合わせて提案したりできるプロの存在は欠かせません。

このようなことから、今後の介護サービスのなかで、ケアマネジャーの存在はより大きくなっていくに違いありません。

第3章で紹介したように、居宅介護サービス計画費などのケアマネジャーの仕事に対する介護保険の報酬は改善されつつありますが、まだ十分とはいえません。しかし、今後の介護保険の見直しにより、ケアマネジャーの仕事に対する評価は、また変わっていくでしょう。

● **経済的負担の大きさが在宅生活を困難にしている面も**

介護保険制度によって介護の社会化が進み、介護サービスを利用しやすくなったとはいえ、問題はまだ山積みしています。

介護保険制度では、在宅で介護サービスを受けながら生活することを目標のひとつに

世帯構成別居宅サービス利用状況

（重複計上　単位：%）

居宅サービスの種類	単独世帯	核家族世帯	（再掲）夫婦のみ	三世代世帯	その他の世帯	（再掲）高齢者世帯	（再掲）痴呆と診断された者のいる世帯
訪問介護	63.0	30.9	30.5	10.2	16.3	41.3	15.8
訪問入浴介護	8.5	15.9	16.0	10.1	12.0	13.8	9.7
訪問看護	11.7	19.4	18.7	11.7	13.5	16.7	13.7
訪問リハビリテーション	2.3	6.3	6.1	2.4	3.4	4.7	2.0
通所介護	34.5	31.1	32.7	45.5	43.0	34.1	41.8
通所リハビリテーション	11.1	14.3	16.2	14.8	14.2	13.7	14.1
短期入所生活介護	3.1	6.5	6.7	11.0	13.0	6.0	13.8
短期入所療養介護	0.3	1.7	1.7	3.1	3.7	1.5	4.2
痴呆対応型共同生活介護	―	―	―	0.3	0.3	―	0.7
食事宅配・配食サービス	20.7	7.7	8.9	1.1	2.5	13.2	3.6
寝具乾燥サービス	0.5	1.1	1.3	0.5	0.9	1.0	0.7
移送サービス	4.9	4.3	3.7	3.6	4.1	3.9	4.3
情報提供・相談サービス	1.3	1.1	0.8	1.1	1.2	1.0	1.0

注：1 「高齢者世帯」とは、65歳以上の者のみで構成するか、またはこれに18歳未満の未婚の者が加わった世帯をいう。
2 痴呆と診断された者の要介護者等に占める割合は23.8%である。
〈資料：厚生労働省「平成12年介護サービス世帯調査の概況」〉

さらに進む「介護の社会化」

掲げています。また高齢者自身も、多くの人ができるだけ自宅で生活したいと望んでいます。しかし、実際には在宅生活はまだむずかしく、やむを得ず特別養護老人ホーム（指定介護老人福祉施設）などの施設を利用することが多くなっています。また、治療の必要がないのに帰宅して生活できないために入院を続ける「社会的入院」も解消されてはいません。

　その理由のひとつとしては、利用限度額の問題があげられます。介護保険では、要介護度によって毎月の利用限度額が定められていますが、たとえば、要介護5でひとり暮らしの高齢者が在宅生活を送るために、毎日の訪問介護と週1回程度の訪問入浴を組み合わせるだけで、ほぼ限度額を使い切ってしまうのです。訪問看護、デイケアなどを入れようと思うと、はみ出した部分はサービス費用の全額を自分で支払うことになり、大きな経済的負担になります。

　市町村によっては介護保険の上乗せサービス（P.43Q&A参照）や一般会計による独自のサービスで対応しているところもありますが、ほとんどの利用者は経済的理由から在宅で生活できずに、不本意ながらも施設入所を選択しています。利用限度額は、今後の介護保険の見直しで検討されていくことが望まれます。

● 居宅介護サービスの普及はサービスの充実にかかる

　しかし、利用限度額の低さが問題になる反面、全体の介護保険利用率はあまり進んでいません。地域によって異なりますが、だいたい利用限度額の20〜40％程度しか利用されていないというのが現状です。

　その理由としては、低所得世帯では1割の自己負担が大きな負担になること、「介護は家族がするもの」という利用者本人や家族、社会の考えがまだ根強いことがあげられます。しかし、「使いたいと思ってもサービスが使えない」状態も大きな原因になっています。多くのケアマネジャーは、「プランを組み立てようとしても、必要なサービスがない」という不満を経験しています。サービスが足りないものとしては、介護老人福祉施設、リハビリテーションを行う施設やスタッフ、ショートステイのベッド数などがあげられます。

　とはいえ、制度の見直しや利用者の意識変化は徐々に進んでいます。今後の居宅介護サービスの普及は、サービスの充実にかかっているといえそうです。

社会的入院
実際には医療機関での治療の必要はないが、介護サービスの不足や家族の問題で自宅で生活できず、入院を続けること。

メモ

介護保険の見直しって？

answer

施行後5年と10年に制度全般を見直すことになっています

　介護保険はまったく新しい制度の創設でした。したがって、始めてみないとわからない、という点も多くありました。そこで、介護保険法の附則には、法律の施行後一定の年数が経ったとき、政府はさまざまな検討を行って制度を見直す、という規定が盛り込まれています。その検討にあたっては、関係者や地方公共団体などからの意見を聞き、それを考慮することともされています。

　まず5年後となる2005年には、保健医療サービスや福祉サービスを提供する体制の状況、保険給付に要する費用の状況、国民負担の推移、社会経済の情勢、障害者福祉にかかわる施策や医療保険制度との整合性、市町村が行う介護保険事業の円滑な実施などを考慮に入れたうえで、被保険者と保険給付を受けられる人の範囲、保険給付の内容や水準、保険料や納付金の負担のあり方などを含む介護保険制度全般を見直します。具体的には、被保険者の年齢区分はこのままでよいか、介護保険事業と若年障害者に対する介護サービスとの関係をどうするか、保険給付の内容は変更する必要があるか、などを検討、必要があれば制度の改正を行うわけです。さらに施行の10年後となる2010年には、事業者と施設に関する規定の施行状況について見直すことになっています。

　なお、最近でも、ケアプラン作成報酬のアップや良質ケアプランへの加算など、介護保険制度は開始直後から細かな修正や見直しが行われています。また、利用者が心身の衰えた高齢者であるだけに、本人の意思を重んじたきちんとしたサービスを受けられているか、第三者が評価するしくみを作って、利用者の生活を守ろうとする試みも各地でなされています。

ルポ❻

取材先◎涌谷町町民医療福祉センター
しごと◎町営医療福祉センターの技術主幹

町の制度を駆使して、要介護5の高齢者のひとり暮らしをサポート

要介護5で、ひとり暮らし

　涌谷町民医療福祉センターの千葉昌子（わくや）さんは、介護保険課の技術主幹。6名いるケアマネジャーのチーフ役だ。以前、病棟で婦長をつとめていたこともあって、仲間のケアマネジャーたちは、千葉さんのことを敬愛を込めて「婦長さん」と呼ぶ。6名のケアマネジャーのもとの職種は、千葉さんを含めて保健師が3名、看護師、社会福祉士、介護福祉士が1名ずつ。異なる分野の専門家が集って、互いに自分の得意分野を教え合い、助け合っている。

　千葉さんの毎日は、利用者宅の訪問が中心だ。今朝訪問する佐々木なつ子さんは、1928年生まれの73歳。3年前にご主人が亡くなってから、ひとり暮らしだ。32歳で慢性関節リウマチを発症したなつ子さんは、現在要介護度は5。両手両足はほとんど使えず、杖（つえ）を使ってゆっくり歩くことはできるが、着替えや食事は全介助が必要だ。しかし、東京の息子さんや仙台の娘さんはマンション住まいなので、なつ子さんはひとりでも涌谷町の自宅で暮らしたいという。

　高齢者のひとり暮らしなので、以前は町が無料でヘルパーを派遣していたが、2000年4月に介護保険制度が始まってからは、利用限度額とサービスの調整が大変になった。たとえばきちょうめんななつ子さんは、家の中がいつもきちんとしていないと落ち着かない。しかし、介護保険では、掃除は生活に必要な居室しか認めない。当初要介護度が4だったこともあり、ついヘルパーにいろいろ頼ん

涌谷町町民医療福祉センター●DATA
　センターの概要はP.38参照。介護保険課在宅支援係には、6名のケアマネジャーと1名の事務員が所属し、認定調査からケアプラン作成、給付管理までの業務を行う。居宅介護サービス事業部の在宅介護支援センターを兼ねる部署である。

ではサービスが超過し、自己負担額が高くなるという事態を繰り返していた。

その問題を解決するため、千葉さんは8月に家族に集まってもらって、対応策を話し合った。本当なら介護保険外で家政婦さんに同居してもらうのが望ましいが、それでは費用がかかりすぎる。そこで、基本は介護保険のヘルパーに依頼し、居室外の部屋の掃除など介護保険対象外の仕事は、近所に住むなつ子さんの姉妹に頼むことになった。

●追いかけた人

千葉昌子（ちば しょうこ）さん／1956年北海道生まれ。1978年、保健師資格を取得して涌谷町に就職し、医療福祉センターには立ち上げからかかわる。現在、介護保険課技術主幹。ケアマネジャーのチーフをつとめる。

限度額ぎりぎりのサービスに、町の制度をあわせて活用

なつ子さんはしばらく入院していたため、千葉さんは新しいプランを作成し、今月から仮に実行している。今日の訪問の目的は、来月の利用票を持っていき、プランを説明することと、入院で弱くなってしまった筋力の回復具合を確認すること、それに新プランに合わせて先週初めて体験した、寝たまま入れる訪問入浴の感想を聞くことだ。

なつ子さんのケアプランは、毎日朝と昼に90分、夕方60分の複合型訪問介護と、毎週月曜日に60分の訪問入浴サービスの組み合わせだ。90分で調理、食事介助、掃除などすべてをこなすのは大変だが、いままでもこの時間内でヘルパーはがんばってやってくれてきた。そこは何とかなるにしても、問題は限度額だ。ぎりぎりなので、月によっては31日分の訪問介護と5回の訪問入浴になり、介護保険の限度額を超えてしまう。このようなとき、通常はその分だけ自己負担をお願いするか、サービスを削ることになる。しかし、毎日の食事介助は外せないし、なつ子さんにとって週1回の入浴は必要だ。そう考えた千葉さんは、サービス調整会議にかけることにした。

医療福祉センターでは、月曜の午後4時、必要に応じてサービス調整会議を開いて、困難なケースの解決策を話し

訪問はできるだけ身軽に、必要な書類を持って

合っている。この会議で、なつ子さんには涌谷町独自の上乗せ制度が認められることになった。対象者は限定されるが、限度額を超えた分について、最高限度額の1割までを町が負担するサービスだ。これで、週1回の入浴サービスを確保できた。今後、このプランでうまくいくのかまだ不安だが、ようすを見ながら対応していくしかない。

雑談も問い合わせもケアマネジャーの仕事のうち

なつ子さん宅の玄関は段差があるので締め切っていて、ガレージから出入りすることになっている。「こんにちはー」。千葉さんは、大きく声をかけて、入っていく。「どうですか。あら、先週来たときより顔色がいいよ」。

身だしなみを整えたなつ子さんと、ヘアスタイルやファッションなどの雑談をまじえながら、体調をたずねる。「病院では1週間に1回ずつやっていた注射を、いまやっていないのよ。あれ、どうなったのかしら」とたずねるなつ子さんに、千葉さんは、さっそく病院に電話して問い合わせた。「ワタナベ先生はつかまらなかったから婦長さんに聞いたけど、あの注射はもうしなくていいんだって」。介護保険にかぎらず、利用者を全般的に支援するのがケアマネジャーの仕事だ。

「そういえば、先週のお風呂、どうでした」「よかったよ。すごく気持ちいいの」「そう、よかった。じゃあ、お風呂はいまの方法で続けていいね」。

モニタリングと利用プランの確認が終わったら、費用の説明だ。「それで、お金のほうなんですけどね。8月は31日あるの。でも、お風呂が4回だから、全部介護保険で間に合っているから」。利用票を確認してもらい、手が不自由ななつ子さんに代わって、指示どおりに印鑑を押す。

町全体の介護保険利用率は、まだ限度額の30％

涌谷町ではひとり暮らしの高齢者は多いが、なつ子さんのように介護保険を限度ぎりぎりまで使う例は少ない。全体の利用率は、限度額の30％くらいだ。身体が不自由になっても、できるだけ人の世話になりたくない、自分の生活に侵入されたくないという気持ちがあるのだろう。もっと利用してほしいと思うが、千葉さんは本人の気持ちを尊重して、サービスを押しつけないようにしている。

介護保険の利用が進まない理由には、自己負担分に対する経済的不安もあるよ

ある日の千葉さん

8:15ごろ	8:30	11:00	12:00ごろ	13:00	14:00	16:00ごろ	19:00過ぎ
出勤	訪問の予約や事務処理	佐々木さん宅を訪問	センターに戻る・昼食	通所利用者のようすを確認	センターに戻る	利用者宅2件を訪問	事務や連絡作業・帰宅

うだ。しかし、幸いなことに涌谷町では、訪問系のサービスについては、自己負担額の半分を町の一般会計から支出する制度がある。たとえばサービスが1530円だと自己負担額は153円。その半分を本人が負担し、半分は町の一般会計が負担する。他市町村に比べれば安く、利用しやすくなっているはずだ。

医療福祉センター・センター長の青沼孝徳（あおぬまたかのり）さんは、「過疎地には民間事業者は来てくれないので、公的なところでやるしかありません。しかし、高齢者にとって涌谷が住みやすい町になれば、住民が増えて町おこしにもつながると思います」と語る。そのために、2001年度中には特別養護老人ホームやグループホームの建設を始める。また、今後の目標としてケアハウスの建設も考えているという。

介護保険の枠にとらわれず、広い視点で考える

涌谷町に就職してから8年間、千葉さんは保健師として、健康づくり部門に従事していた。しかし、1987年に、医療福祉センター設立に向け、ソフト面を考えるプロジェクトチームの一員に選ばれ、転機が訪れる。「はじめてのものを作るのだから、だれも教えてくれる人はいません。保健行政のあり方について自分の頭で考え、ほかのメンバーと毎晩遅くまで意見を戦わせた3か月間は、保健師として成長する貴重なステップになりました」。

さらに、医療福祉センターがオープンしてからは、病棟、外来、訪問看護ステーション、在宅介護支援センター、健康課など、多くの職場を体験。その経験は、ケアマネジャーとして具体的なプランを考えたり、サービス調整を行うのにとても役立っている。

「本来のケアマネジメントを考えると、介護保険の枠だけでサービスを組み立てていてはいけません。広い視点でその人に必要なものは何かを考え、医療やそのほかの福祉サービスと提携してサポートする。そして、どうしても足りないものがあれば、政策改善に持っていく。これが、私たちケアマネジャーの役割です」。そう笑顔で語る千葉さんには、新しい制度をよりよくしていきたい、という意欲があふれているようだ。

（取材は2001年7月）

「じゃあ、お風呂はいまの方法で続けていいね」。プランを説明して、了解を得る

2. 利用者も介護者も「自立」して対等に

● **サービスは利用者が選ぶのが原則**

　利用者の状態に合わせて、さまざまなサービスを組み合わせた最適のプランを作成するのが、ケアマネジャーの仕事です。しかし、あくまでサービスを選ぶのは利用者で、ケアマネジャーはプロとして必要なアドバイスをし、利用者の選択を手助けするのだということを忘れてはなりません。

　利用者にはいろいろな価値観や生活習慣を持つ人がいます。毎日入浴しなくては気がすまない人がいれば、できるだけ入浴したくないという人もいるでしょう。また、同じおかずを続けて食べることが苦になる人もいれば、独自の考え方から、毎日同じ献立を食べたいという人もいます。

　できるだけ清潔にして、バラエティーに富んだ献立を食べてもらわなくてはと考えるのは、介護する側の価値観の押しつけです。清潔度も献立の変化も、もし健康の害になるようなら、保健医療知識があるプロとしてアドバイスが必要ですが、病気になるほどでなければ、本人の好みや考え方を優先しなくてはなりません。ただし、奇妙に見える習慣が、実は家族やサービス担当者への遠慮や費用の心配が原因なのであれば、その遠慮や心配を取り除き、利用者の本当の気持ちを引き出すのもケアマネジャーの役割です。

　「こうあるべき」という価値観で利用者を説得するのではなく、継続してつき合っていくなかで次第に信頼関係を築いていき、「じゃあケアマネジャーさんのアドバイスも聞いて、ちょっと変えてみようかな」と思ってもらえるような人間関係を確立するのが、ケアマネジャーのあるべき姿といえるでしょう。

【障害者のケアマネジメントでは？】

A 自己選択・契約の尊重は障害者のための「支援費制度」でも顕著で、利用者は自らの選択で事業者と契約しサービスを利用する。そして、申請により支援費の支給を受けることになっている。

●「契約」は個々の責任で

　サービスは利用者が選ぶのが原則ですが、自分で選択するということは、その選択について責任をとるということでもあります。その責任をとりたくないために、「適当に選んでください」とケアマネジャーまかせになってしまう利用者も少なくありません。

　しかし、与えられる「措置」ではなく、自分で選択する「契約」への変化は、介護保険制度の大きな柱のひとつです。ケアマネジャーとして、選択は自分で行うこと、その選択には責任がともなうことを根気よく説明し、自分の責任で選んでもらわなくてはなりません。

　痴呆症などで自分の意思判断がむずかしい利用者には、2000年4月から介護保険と同時に始まった、成年後見制度の利用を勧めましょう。

　この制度には、法定後見と任意後見契約があります。このうち法定後見は、判断能力の程度によって「成年後見」「保佐」「補助」の選択肢があり、判断能力の低下が軽度の人でも「補助」の制度を利用できます。また、後見人（成年後見人・保佐人・補助人）は近親者に限定せず、家庭裁判所がケースごとに選ぶことができ、後見人を複数選んだり、法人を後見人として選ぶこともできます。身寄りがなく申し立てをする人がいない場合は、市町村長が法定後見（成年後見・保佐・補助）の開始の審判を申し立てることもできるようになりました。

　さらに、本人があらかじめ自分の判断能力が不十分になった場合の代理人（任意後見人）を選んでおける「任意後見契約」を結べるようにもなっています。

　ケアマネジャーとしては、この新しい制度の利用法についても通じておきたいものです。

●利用者の判断を尊重することで、援助者の自立も守られる

　ケアマネジャーが信頼されるほど、「何でもケアマネジャーに」と依存されることがあります。しかし、ケアマネジャーの役割は、あくまで利用者の選択の手助けです。特に利用者の金銭管理は、けっしてケアマネジャーの仕事ではありません。頼まれても引き受けず、必要ならば成年後見制度や金銭管理の代行サービス

新しい成年後見制度の特徴

- 自己決定権の尊重、残存能力の活用、ノーマライゼーションの3つが基本理念
- 「成年後見」「保佐」「補助」の種類があり、軽度の精神障害にも対応
- 家庭裁判所により、適切な後見人の選任が可能
- 戸籍への禁治産・準禁治産の記載に代えて、成年後見登記制度に
- 近親者がない場合でも、市町村長による申し立てが可能
- 任意後見契約制度も新設

利用者も介護者も「自立」して対等に

を行う機関を紹介しましょう。

　ケアマネジャーは個人や家庭の問題に深くかかわるため、対応のしかたによっては、個人的なトラブルに巻き込まれかねません。また過度の依存にこたえていると際限がなく、身動きできない状態に陥ってしまいます。利用者を自立したひとりの人間として扱い、利用者を援助するプロとして対等な関係を保つことは、そのようなトラブルからケアマネジャー自身の身を守ることにもなります。

　ケアマネジャーにすべて依存してしまうのも問題ですが、選択をすべて家族にまかせてしまう利用者もいます。家族の意見を尊重し、支えることもケアマネジャーの役割ですが、できるかぎり利用者のために最適なプランを、利用者の意思で選んでもらわなくてはなりません。

　家族関係によっては、高齢者の年金が高齢者自身のために使われていない例は少なくありません。また、訪問介護サービスで家族の食事や洗濯まで要求されるようなこともあります。介護保険制度は、高齢者が自分の年金や財産で介護保険料を支払い、自分のためにサービスを利用するものです。家族や利用者がその点を誤解しないように、きちんと説明しておきましょう。

　なお、利用者に自分でサービスを選ぶという自覚を促すためには、P.99で紹介しているように利用者自身でケアプランを立ててもらう方法もあります。

●一人ひとりの死生観を大切に

　サービスを選ぶことは、その人の生き方や最期の迎え方を選ぶことでもあります。ケアマネジャーは、その選択の手助けをすることで、その人の人生に深くかかわります。そのため、ケアマネジャー自身の人生観や死生観も問われることになります。ケアマネジャーが自分自身の生き方や価値観を押しつけることは禁物ですが、自分なりの死生観を築いていくことは必要です。それがなければ、そのときどきで周囲に流され、プロとしての冷静な対応ができなくなってしまいます。

　介護が必要な利用者が元気に過ごせるようになることを手助けするのは、大変喜ばしいことですが、すべての人間にはいずれ死が訪れます。ケアマネジャーをめざすなら、人の生死にもかかわる仕事であることを、あらためて考えておきましょう。

メモ 7

[セルフケアプランの可能性は?]

answer
「利用者主体」と「自己選択」が より明確になります

　介護保険を利用するには、常にケアプランの作成が必要です。ケアプラン作成費用（居宅介護サービス計画費）を申請できるのは介護支援専門員だけですが、利用者が自分でセルフケアプランを作成することも可能です。

　この場合は、利用者は自分で事務手続きを行わなくてはなりません。セルフケアプランを作成するには、まず保険者（市町村）に自己作成の意思を伝えて、「サービス利用票」などの必要な書類をもらいます。どんなサービスをどこの事業所にいつ頼むかを決めて、指定居宅サービス事業所に連絡して予約したら、書類を作成して役所で印をもらい、利用票のコピーを「サービス提供票」として事業所に送ります。毎月月末までに次の月の書類を役所に提出し、翌月5日までに前の月の利用実績を提出します。

　このようにセルフケアプランの手続きはかなり煩雑です。しかし、介護保険の原則が「利用者主体」であることを考えると、セルフケアプランは、究極の「自己選択」といえるでしょう。

　要介護度が低く、単純なサービスを利用するだけなら、プラン作成はむずかしくありません。ケアマネジャーが単なる事務処理係にならないためにも、積極的な利用が望まれます。

　しかし、そのためには在宅介護支援センターなどで、ケアマネジャーがセルフケアプラン作成についてアドバイスする制度が必要でしょう。事務手続きの面でも、ケアプラン作成の面でも、プロのアドバイスがいつでも受けられる状態になってはじめて、利用者は安心して自己選択ができるようになります。

〈インタビュー4〉

ケア現場の大先輩にきく
ケアマネジャーを本来の専門的業務に

話をきいた人●**野上薫子**さん（小田原市鴨宮ケアセンター所長）

——現在、給付管理業務に追われるだけのケアマネジャーが多いようですが。

　大部分の人がそうでしょう。ケアマネジャーというのは、本来は利用者の立場に立ち、専門性を生かして、よりQOLの高い生活や自立した生活ができるようにサービスを調整し、コーディネートする仕事です。けれども、現状はなかなか厳しく、そのような形にはなっていないと思います。

——本来のケアマネジメントができるようにするは、何が必要でしょう。

　介護支援専門員（ケアマネジャー）の仕事に対する報酬が少なすぎます。厚生労働省は1人のケアマネジャーが50名を担当するのが目安だといいますが、介護保険の報酬だけでケアマネジメントの経費をすべてまかなうのは不可能です。人件費のほかに、事務所の家賃、設備維持費、電話代、書類印刷代等の諸経費がかかりますから。そのため、許容量以上の人数を担当せざるを得なかったり、ほかの事業との関係で断れなかったりということなのだと思います。

　利用者の話を十分に聞き、その人にとって必要なサービスを考えてプランを立て、利用者に説明をして理解してもらい、かかる費用の話し合いをして、カンファレンスをする。そして、サービス事業所の調整、モニタリングなど、制度に定められた仕事をするには、いまの報酬は少なすぎます。

——改善する手だてはないのでしょうか。

　自己ケアプラン作成が、もっと広まればよいと思います。介護保険の利用者に

もいろいろな人がいて、プラン作成がそんなにむずかしくなく、家族でも十分にできる人もいます。自己作成の困難な人や、家族や本人では手に余る複雑なケースだけ、専門家としてのケアマネジャーにかかわってもらう。さらに、30人くらい担当すれば、ケアマネジメント部門だけで経費をすべてまかなえるだけの報酬になればよいと思います。

── 自己ケアプラン作成を進めるには、どうすればよいでしょう。

在宅介護支援センターを活用するべきだと思います。在宅介護支援センターで自己ケアプランの相談を受けられれば、もっと気軽に自分でプランを立てられるのではないでしょうか。また、いまはケアマネジャーにプランを立ててもらうのは無料です。これを有料にして、自分でプランを立てれば安くなるようにすれば、プランを立てる人は増えるでしょうね。だだ、介護保険制度のしくみが理解できるまでは、ケアマネジャーに無料で相談できるしくみは必要かもしれません。

── そうすると、一般の人に介護保険制度が浸透しなくてはいけませんね。

介護保険制度を定着させるためには、利用者も含めて関係する人たちがみんな、制度を理解して習熟する必要があります。たとえば利用者も、ヘルパーはお手伝いさんの代わりではない、というようなことを理解しなければなりませんし、そのために働きかけていくのも、専門職としてのケアマネジャーの役割でしょう。

── これからケアマネジャーをめざす人にひと言お願いします。

ケアマネジャーは、とてもやりがいがある仕事です。よくても悪くても、その人の生活に大きな影響力がありますから。また、利用者にとって、精神的なものも含めて頼りになるのはケアマネジャーです。ただ、やりがいがあるということは、裏を返せば心労の多い大変な仕事だということです。でも、心を使ったぶんだけ、私たちの心も豊かになるのだと思います。特にいまは大変ですが、過渡期なのでやむを得ない部分もあります。いずれは落ち着くでしょう。

ケアマネジャーには、これから介護保険制度をよりよいものにしていこうという意識が必要です。利用者が行政に対して声を出すということは、あまりありません。利用者の立場に立って、きちっと提言していくのはケアマネジャーの役割といってよいのではないでしょうか。

（取材は2001年7月）

のがみ しげこ
1935年茨城県生まれ。81年に特別養護老人ホーム潤生園に就職。介護職、生活指導員などを経て現職。介護福祉士。98年介護支援専門員資格取得。神奈川県介護福祉士会会長。

第4章

3. 介護はプロとボランティア、そして近親者がそれぞれの役割で

●役割分担することで、お互いに無理なく

　介護の社会化が進むとはいえ、介護保険のサービスだけで介護のすべてがまかなえるわけではありません。

　現在の給付限度額では、要介護5で受けられるサービス量でひとりで生活するのは困難です。また財産管理など、介護保険サービスでは対応していないこともあります。その隙間を埋めるのは、やはり家族や親族の協力でしょう。介護を家族だけで負担するのではなく、かといって介護保険のサービスだけに寄りかかるのではなく、それぞれが役割の分担をすることで、お互いに無理のない介護が可能になります。介護サービスが十分に供給されるようになったときも、家族による心のケアは重要です。

　ケアマネジャーは、サービスを組み合わせたプランを作成するだけでなく、家族同士の話し合いの機会を提供したり、家族の協力を要請することで、介護保険のサービスで不足する部分を補う努力もしていきます。また、要介護者のそばにいる家族の心を理解し、精神面で家族を支えるのもケアマネジャーがしたいことのひとつです。主体はあくまで利用者本人ですが、利用者が気持ちよく生活するためには、家族の事情も考慮してケアプランを作成したいものです。家族が落ち着いて接する態勢を整えることが、利用者の生活の質の改善にもつながります。

●フレキシブルなボランティアの存在も重要に

　また介護保険のサービスと家族による介護のほかに、利用者を支える存在として、ボランティアは重要です。特に配食サービスなど介護保険で対応していない

サービスや、介護が必要な状態になることを予防するための活動は、今後ボランティア活動の充実が望まれます。

介護保険施行以前、介護は家族の役割だったといっても、実際にはすべて家族が行っていたわけではなく、隣近所の助け合いがありました。最近の都会では隣近所のつき合いが希薄になっていますが、次第に地域のつながりの大切さが見直され、新たにボランティア活動として広がり始めています。

ボランティアというと、日本では立派な人が自己犠牲的に気の毒な人のために行うものという誤解が根強くありますが、実際にはそうではありません。ある面で多少余力がある普通の人が、別の面で困っている人を、自分のできる範囲で手助けする、そんな相互扶助が本来のボランティアです。

ボランティア活動では、だれもが自分のできる範囲内で活動すればいいので、たとえば高齢者同士でも、声をかけ合って寝たきり予防のサークル活動を運営したり、寝たきりの人の自宅を訪問して話し相手になるなどの活動が可能です。

● ケアマネジャーはネットワークづくりを

ケアマネジャーとしては、そういう活動の情報を収集し、ケアプランに積極的に組み入れていくこともしていけるでしょう。さらに、ケアマネジャーが持つ介護保険の知識や人のネットワークを利用して、そのような活動を支援することも考えられます。たとえば、せっかく盛り上がった活動が資金面で困難になれば、市町村からの助成制度や介護保険の横出しサービスとしての適用を働きかけたり、人材不足で行き詰まれば、指導者を紹介したりできます。

何もかもケアマネジャーが担当しようとすると大変ですが、活動しようとする人たちをサポートすることで、ケアプランに利用できるサービスが広がり、ケアマネジメントがやりやすくなるでしょう。

また、ケアマネジャーとして働くうえで地域や家族の状況を把握することが大切ですが、地域の事情を知っているのはやはり地域の人です。ケアマネジャーは、情報ボランティアとして働いてくれる民生委員や自治会役員とのつながりを大切にしたいものです。これからのケアマネジメントにとって、フレキシブルな地域ボランティアとの連携は、とても重要な要素になるでしょう。

ルポ❼

取材先◎ワーカーズ想事業所
しごと◎NPO法人の居宅介護支援事業所のケアマネジャー

介護保険のサービスと
NPO独自のサービスを組み合わせて、
自立した対等な仲間同士で助け合う

電動自転車で利用者宅を訪問

　いつものように朝9時に出勤した竹内ひろみさんは、まず、電話連絡をすませた。ショートステイの予定が利用者のつごうで変わったことを、施設側に連絡しなくてはならない。10時には訪問の約束がある。少し遠方なので、電動自転車で9時40分ごろに出発。ご夫婦2人分の介護保険更新のための調査をすませて戻ってくると、12時半になっていた。昼食は事務所でお弁当を食べるが、食べている最中にも電話がかかってくるので、応対に追われてあわただしい。
　午後は、新規利用の依頼があったSさんに連絡し、介護保険の説明にいくことにした。Sさんは、介護保険は初めてだが、以前からワーカーズ・コレクティブ想（以下、想）の会員で、「助け合い」サービスを利用している。
　Sさん宅に出向いた竹内さんは、話を聞いて介護認定が受けられると判断した。暫定措置ですぐにサービスを始められることを説明し、代行申請を申し出る。説明しながらその場で用意してきた申請書類に記入して、サインをもらう。介護保険被保険者証などの必要書類を預かり、あとは役所に提出するだけだ。

地域の「助け合い」で始まったワーカーズコレクティブが現在の母体

　想は1988年に地域の主婦たちの呼びかけで始まった。「自分たちが年をとったときのことを考えると、いまのシステムでは不安。それなら自分たちで何か始めようと、声をかけ合ったんです。でも、何も考えずに始めてしまったので、当初

ワーカーズ想事業所●DATA
神奈川県大和市。母体のワーカーズ・コレクティブ想は1988年に創設。チケット制で家事支援や介護サービスを提供していたが、99年NPO法人化。県知事指定介護保険事業所として、居宅介護支援と訪問介護サービスを提供。利用者数175名。常勤・登録を合わせたヘルパー数は99名。ケアマネジャー3名。

は本当に大変だったんですよ」と代表の伊藤康子さんは、明るく笑いながら話す。「いま考えると、要介護4や5にあたる人を、まったくの素人がいきなりお世話したんです。でも、ご家族がやっておられると思えば、できないことはありませんでした」。

●追いかけた人

竹内ひろみ（たけうち ひろみ）さん／1947年長野県生まれ。看護師として約10年病院勤務の後、自営業を手伝う。1988年からワーカーズ・コレクティブ想にワーカーとして参加。99年介護支援専門員の資格取得。現在は、常勤のケアマネジャーとして勤務。

家族代わりの「助け合い」だからということで、ワーカーズコレクティブとして発足。ワーカーズコレクティブとは、雇い雇われる関係ではなく、働く者が集まり、みんな対等な立場で共同出資して事業主となり、働きに応じた報酬を得るというものだ。利用者との関係も、世話をする人とされる人ではなく、あくまで対等な助け合いとして、チケット制を採用した。利用者は960円のチケットを購入すると、1時間のサービスが受けられる。そのうち900円は働いた人（ワーカー）が受け取り、残りの60円を事務費用にあてる。

この「助け合い」事業は、現在も介護保険のサービスと並行して続けている。介護保険では認められない庭の草むしりなども、「助け合い」なら受けつけられる。ひとりの利用者のプランに、介護保険のサービスと「助け合い」のサービスを組み合わせることもできる。

13年の間に想の活動は広まり、サービス時間は年間3万3000時間を超えていたが、2年前まで事務所は代表の自宅のまま。事業を拡大するつもりはなかった。しかし、介護保険制度が始まるにあたって、法人でなければ県の指定が受けられないため、NPO法人の申請を行った。指定事業者になればサービスを受けるのに介護保険が使える。そのほうが利用者にとってメリットになるという判断だ。ケアプラン作成からかかわれる居宅介護支援事業所の指定も受けるためには介護支援専門員が必要だが、幸い、家庭の主婦にはさまざまな資格を持つ人が多い。そこで、声をかけ合い、看護師、社会福祉士、介護福祉士、薬剤師の仲間が試験を受け、介護支援専門員の資格を得た。

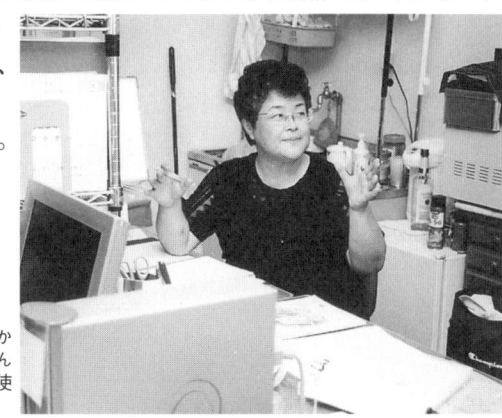

事務所はできたが、かなり手ぜま。竹内さんはノートパソコンを使っている

深く考えないまま始めてしまったが、介護保険の事務作業の多さには驚いた。幸いなことに、定年退職をした男性がボランティアで事務を助けてくれた。市の広報で想のことを知り、長年の経理とパソコン事務の経験を生かせないかと名乗り出てくれたのだ。これも想の活動が地域に定着していたおかげだろう。2001年6月には専用ソフトを購入、パソコンで給付請求ができるようになった。パソコンなどさわったことのなかった竹内さんだが、必死で勉強して何とか使っている。

仕事は大変になったが、13年間のかかわりが支えてくれる
　ここまでこられたのは、13年間に想で利用者やワーカーたちと築き上げてきたものがあったからだと竹内さんは思う。
　「想の利用者は、お金を払ってサービスを受けるのをあたりまえと思ってくださっているので、介護保険には違和感がないんですよ。だから、金銭面の苦情はほとんどありません。かえって、安くなったと喜んでくださるくらいです。また、自分の意思でサービスを選択する人が多いのも特徴です。たとえば、介護保険で派遣するヘルパーには資格が必要です。それでも、いま満足している自分の生活を変えないために、これまで来てもらっていた資格のないワーカーのほうを選択してチケットでのサービスを受ける方がいます。自立とは、自分の生活に合ったものを自分で選択するということ。想には自立した利用者が多いのです」
　また、これまでの利用者との体験が、ケアプランを立てるうえで役に立つことも多い。右半身まひの利用者の100mを約2時間かけて往復するリハビリテーションの手伝いをしていた。その人の希望で遠出を計画し、駅の階段を上り下りし、自力で電車に乗り、美術館で絵を楽しんでもらった。達成感をともに味わい、「ぜひごちそうしたい」という相手の希望で、レストランで楽しい時間をすごした。訪問介護は仕事だから、訪問先で飲食してはいけないという考え方がある。しかし、お年寄りの立場になれば、だれかといっしょに食べたいという気持ちもあるはずだ。担当する利用者の家族から、昼食をはさんで4時間の依頼があった。利用者には痴呆があり、ヘルパーをお客さまと思い、昼食を勧めて自分は食べない。考えた末に竹内さんは、ケアの時間内にヘルパーが自分のお弁当を持っていき、いっしょに食べるというプランを立てた。ほかの事業所のヘルパーだったので調整

ある日の竹内さん

9:00	9:40	10:00	12:30	14:00	16:00	18:00
出勤	事務所を出発	電話連絡に対応	訪問（ご夫婦の認定調査）	事務所に戻り昼食	Sさん宅訪問	事務所に戻る	事務処理	帰宅

には気を配ったが、事業者やヘルパーには理解してもらえたし、利用者にはいっしょにお弁当を食べたと喜んでもらえている。成功だったと思う。

きめ細かく援助してこそ在宅がなりたつ

　介護保険では家事援助、身体介護、複合型と区分けしたうえ、家事援助に対する報酬がかなり低い。そのため民間事業所では、家事援助を嫌うところが多いが、想では家事援助こそが大切だと考えている。核家族が当然の都市部で、ひとりになった高齢者にとって、家事援助がなければ生活がなりたたない。そういう考え方から、想では家事援助と身体介護でヘルパーの報酬が変わることもない。

　しかし竹内さんは、ケアプラン作成のために、家事援助と身体介護の区別に悩むことが多い。その人の生活の流れを考えると、決まった時間に決まった身体介護をばたばたとすませるわけにはいかない。この日は入浴介助とプランを立てても、「今日は風呂に入りたくない」と言われれば、家事援助だけになる。竹内さんは、その人の状態によってひとつずつ具体的に判断していく。だから、プランはきめ細かく、変更が多くなる。

　医療行為の問題も悩む点だ。ホームヘルパーは吸引などの医療行為はできない。「実際在宅で家族が吸引を行っている方がおられます。お二人暮らしの場合、夫の世話をしている妻は病院にも行けません。ヘルパーがいても、吸引のところは代わりたくても代われないのです。訪問看護師を3時間も4時間も拘束できない現実があります」。医療行為は有資格者が行うという基本は大切だが、今後何らかの対応が必要だろう。

　ケアマネジャーの仕事をしていると、悩んだり判断に迷ったりすることは多い。しかし、疑問に思いながらやっているからこそやれる、と自分に言い聞かせている。疑問がなくなって、何でもわかっているつもりになったら危険だろう。大変なこともあるが、竹内さんは、人とかかわり、助け合って生きていくことが、とにかく楽しくてたまらない。

「これからも利用者の生活が見えるケアマネジャーでありたいと思います」。

　　　　（取材は2001年7月）

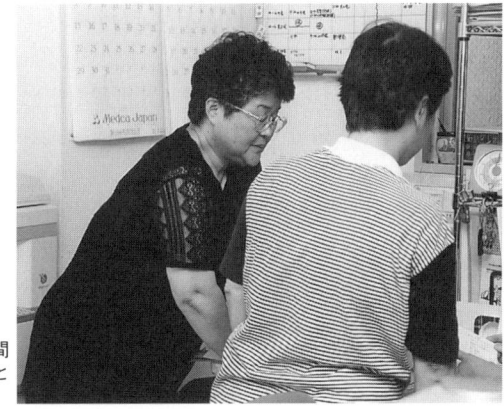

仕事は大変でも、仲間同士で支え合えることが楽しい

これからのNPOの役割は？

answer

**企業参加が見込めないサービスの担い手や
ボランティアリーダーなどが期待されます**

　NPOとはNonprofit Organizationの略で、営利を目的としない民間組織のことです。

　よく誤解されますが、NPOは組織自体が営利目的ではないということであって、その活動がすべて無報酬で行われるものではありません。継続的に事業を行っていくためには、事務所設置費用や通信費、人件費などの経費が必要です。NPOは収益があがる事業を実施することができ、NPOで働く人は、自分が行った仕事に対して適正な給料を受け取れます。

　ただし、NPOではその事業に利益が出ても、営利企業のように構成員で分配することはしません。事業収益は次の活動費用に回していきます。

　個人が報酬を目的としないで行うことがボランティア活動ならば、NPOは組織によるボランティア活動であるといえるでしょう。

　介護保険制度では、事業が継続的に運営されるように、指定居宅介護支援事業所や指定居宅サービス事業所は法人であること、と定められています。日本では1998年に特定非営利活動促進法（NPO法）が成立し、市民ボランティアの相互援助組織などが法人格を得やすくなり、介護保険のサービスを提供できるようになりました。

　介護保険では、どうやってサービスを充実させるかが課題になっています。NPOは、大幅な収益は見込めず営利企業の参加が望めないような事業の堅実な担い手や、個人ボランティア活動の取りまとめ役として期待されます。

●第4章
将来のケアマネジャーの姿が見えた?

立ち止まってチェック!

将来の介護やケアマネジメントについて、次のようなことが予想されます。
それぞれの理由について、考えてみましょう。

1 介護の社会化がさらに進む
回答例
核家族化の進行、女性の社会進出、労働力の都会への移動、介護の長期化・重度化、価値観の変化などにより、家族介護は不可能になりつつあります。

2 ケアマネジメントは、ますます重要になる
回答例
介護の社会化や長期化・重度化による、サービスの多様化と質の変化によって、継続的なケアマネジメントがさらに重要になります。

3 サービスの充実が望まれる
回答例
社会的入院や不本意な施設への入居をなくし、自宅で暮らしたいすべての人が安心して自宅で暮らせるようにするためには、サービスの充実が必要です。

4 介護保険の給付限度額には見直しが必要
回答例
在宅介護を現実的なものにするためには、必要に応じて給付限度額の引き上げが望まれます。

5 介護は社会と家族が協力し合って行う
回答例
介護自体は社会が担い、家族が心のケアを担う、という役割分担で協力し合い、要介護者が自分らしく暮らせるようになれれば理想的です。

6 介護サービスとボランティア活動との連携も重要
回答例
自主的にフレキシブルにかかわるボランティアの存在が、介護サービスの活力化にもなります。大いに連携をしていきたい社会資源です。

```
           ┌─────────────┐
           │  プロローグ  │
           └──────┬──────┘
                  ▼
 ┌───┐    ┌─────────────┐
 │第1章│   │ 資格のあらまし │
 └───┘    └──────┬──────┘
                  ▼
 ┌───┐    ┌─────────────┐
 │第2章│   │ 職場のいろいろ │
 └───┘    └──────┬──────┘
                  ▼
 ┌───┐    ┌─────────────┐
 │第3章│   │   働く現実   │
 └───┘    └──────┬──────┘
                  ▼
 ┌───┐    ┌─────────────┐
 │第4章│   │ 将来の可能性  │
 └───┘    └──────┬──────┘
                  ▼           あなたはいまここ!!
 ┌───┐    ┌─────────────┐    ┌──────────────┐
 │第5章│   │ 進路の選び方  │    │将来の仕事の広が│
 └───┘    └─────────────┘    │りに、やる気が  │
                              │わいてきた     │
                              └──────────────┘
```

第5章

あなたに合った資格の取り方を見つけましょう

介護支援専門員の資格は、
福祉や保健医療の専門職に対して与えられるものです。
すでに専門職として仕事についている人、
これから進路を考える人、
それぞれで準備も違ってきます。
あなたの場合はどんな準備が必要なのでしょうか。

第5章

1. すでに専門職として働くあなたは

●国家資格の専門職なら

　もし、あなたが医師や看護師などの保健医療系の資格、あるいは介護福祉士など福祉系の資格を持ち、実際に仕事をしているのなら、5年以上の実務経験があれば介護支援専門員実務研修受講試験（以下、受講試験）を受験できます。ただし、この場合の実務経験は、実際に働いた日数が900日以上と規定されていますので、年数だけが規定以上であっても認められません。嘱託や非常勤などの勤務形態の人は注意しましょう。

　指定された国家資格は右ページの表（実施要綱による区分）に示すとおりですが、保健医療系・福祉系のほとんどの国家資格が対象となります。

　ただし、国家資格を持っていても、その資格に関係のない仕事をしていたり、研究職などのように要援護者を直接援助しない仕事は、実務経験とは認められません。たとえば、医師や薬剤師資格を持っていても、医療情報担当者（MR）や研究職は実務経験にはならないので注意してください。

●特定の業務についているなら

　あなたが老人福祉施設の相談員などの相談援助業務についているか、介護職員など直接介護等の業務についているのなら、国家資格を持っていなくても一定の実務経験があれば、受講試験を受験できます。

　実務経験は、福祉施設等での相談援助業務の場合は5年以上（実日数900日以上）、介護等業務の場合は10年以上（実日数1800日以上）と規定されていますが、医療機関等での相談援助業務または介護等業務についている人で、

第5章　あなたに合った資格の取り方を見つけましょう

社会福祉主事任用資格
各種行政機関で、保護や援助など特定の仕事につくための資格。大学、短大、専門学校などで、指定された科目（社会福祉概論など33科目）のうち3科目を履修すれば得られる。

訪問介護員養成研修
厚生労働省が定めた指針に従って、都道府県またはその指定を受けた民間団体などが実施。1級（受講時間230時間）、2級（同130時間）、3級（同50時間）の課程がある。「資格」扱いとなるのは2級以上。

112

・社会福祉主事任用資格取得者
・訪問介護員養成研修２級課程（ホームヘルパー２級）、または、これに相当する研修（社会福祉施設長資格認定講習会など）を修了した人
・受験資格となる国家資格を取得した人
・施設等で相談援助業務従事者として１年以上勤務した人

ならば、実務経験が５年以上（実日数900日以上）あれば受験できます。

　実務経験と認められる相談援助業務の範囲、介護等の業務の範囲については、細かい規定が設けられています。詳細はP.136〜を参照してください。

●資格を取る前の実務経験も認められます

　複数の施設や事業所で働いたあなたは、該当するものを合算できます。間にブランクがあってもかまいません。

　実務経験は試験の前日までの期間を算入できます。たとえば、８月に申し込むときの実務経験が４年と10か月で、11月の試験の前日までに５年を超える見込みであれば、受験を申し込めます。この場合、実務経験証明書を見込みで提出し、指定された期限までに実務経験証明書を再度提出する必要があります。

　実務経験が５年（10年）以上でも、産休や病気休業などで、実際に働いた日数が900日（1800日）に満たない場合は受験できません。ただし、１日２時間のホームヘルパーなど、１日の勤務時間が短くても１日と見なされます。また、雇用形態には関係なく、パートタイマーやボランティアとして働いた場合でも、P.136〜に記載した業務範囲に一致すれば実務経験と認められます。

　国家資格の専門職として受験する場合は、資格を取らないとその専門業務に従事したことにならないので、当然、実務経験は資格を取ってからの期間になります。しかし、介護等の業務を経験している場合は、資格を取る前のものでも実務経験として認められます。たとえば、介護等の業務に５年従事していたあなたが、新たに介護福祉士の資格を取得したり、訪問介護員養成研修２級課程を修了したりすると、その時点で受験資格を満たすことになります。

　なお、受験資格があるかどうかの判断は複雑です。判断に迷うときは、都道府県の担当係や試験実施機関に問い合わせるとよいでしょう。

社会福祉施設長資格認定講習会
各種社会福祉施設の長、あるいは長に就任する人に対し、厚生労働省の委託により行われる講習会。６か月の通信教育と５日間の面接授業が実施される。

受験資格となる国家資格

●医師等
医師、歯科医師

●薬剤師等
薬剤師、保健師、助産師、看護師、准看護師、理学療法士、作業療法士、視能訓練士、義肢装具士、歯科衛生士、言語聴覚士、あん摩マッサージ指圧師、はり師、きゅう師、柔道整復師、栄養士、管理栄養士

●福祉士
社会福祉士、介護福祉士、精神保健福祉士

すでに専門職として働くあなたは

第5章

2. まだ資格や経験のない あなたは

● **実務経験年数は合算も可能。しっかり確認して**

　国家資格や実務経験がない、あるいは実務経験年数が足りないという人は、受験資格を得る方法を考えましょう。

　実務経験年数が足りないと思うあなたは、まず本当に足りないのかどうか、チェックが必要です。何十年も前の古い経験でも、証明書を発行してもらえれば、実務経験と見なされます。また、ボランティアのホームヘルパーなども、介護等の業務範囲に入っていれば実務経験として合算できるので、前節を参考にもう一度調べてみてください。ただし、事業所が廃止されていたり、実務経験の時期が古くて就業状況などに関する書類がその事業所に保管されていないなど、実務経験の証明ができない場合は、残念ながら実務経験として認められません。

　資格や実務経験の種類が複数あるあなたは組み合わせも可能です。若いときに栄養士などの資格を取っていったん退職し、主婦のかたわら有償ボランティアのホームヘルパーとして働いてきたような人は、栄養士などの実務経験が5年未満でも、ホームヘルパーと合わせて5年以上の実務経験があれば受験できます。

　介護等の業務と相談援助業務の両方を経験しているあなたは、相談援助業務の実務経験が1年以上あれば、介護等の業務と合わせて5年以上経験することで受験できます。たとえば、施設で4年間介護の仕事をしてから相談室に配置転換になり1年経ったという人は、もう受験資格があります。

● **受験資格を得るにはホームヘルパー2級が近道**

　福祉施設等の相談援助業務なら、まったく資格がなくても5年で受験資格を得

られるのは前節で述べたとおりです。しかし最近では、資格も経験もない人が新たに相談援助業務につくことはむずかしくなっています。また、最近は介護のための施設や訪問介護で働くためには、訪問介護員養成研修2級課程（ホームヘルパー2級）を修了していることが条件とされることが多くなっています。ホームヘルパー2級は合計130時間の受講で修了できるので、まったく経験がない人は、まずホームヘルパー2級の養成研修を受け、介護等または相談援助業務の仕事を探すのが早道でしょう。

●**これから進学する人は、まず専門資格を**

これから進学を考えている人は、まず自分がどんな専門職になりたいかを考えましょう。ケアマネジャーになるためには、何らかの専門職の土台が必要です。

仕事の内容からすれば、ケアマネジャーにもっとも近い国家資格は社会福祉士です。相談援助業務に興味を持っているなら、社会福祉士をめざすのがよいでしょう。社会福祉士になるには、4年制の福祉系大学などで指定科目を履修し、社会福祉士国家試験に合格するのが一般的です。すでに福祉系の短大や一般の大学に進学している人、または卒業した人は、実務経験や1年程度の養成施設を経て受験資格を得る方法もあります。

介護職につきたい、その仕事の延長線上でケアマネジャーも考えているという人には、介護福祉士になる道があります。これから進学するなら、修業年限2年以上の養成施設に進むのがお勧めです。卒業すれば資格が取れます。

また、保健医療分野に興味がある人は、保健師や看護師、理学療法士、作業療法士などの資格を取る方法もあります。これから進学するなら、3年以上の大学または養成施設へ進み、国家試験に合格するのがよいでしょう。

専門資格のおもな取得ルート

資格	養成施設修業年限	国家試験
医師	6年	受験
歯科医師	6年	受験
薬剤師	4年	受験
保健師	1年*	受験
助産師	1年*	受験
看護師	3年	受験
准看護師	2年**	都道府県知事試験
理学療法士	3年	受験
作業療法士	3年	受験
視能訓練士	3年	受験
義肢装具士	3年	受験
歯科衛生士	2年	受験
言語聴覚士	3年	受験
あん摩マッサージ指圧師	3年	受験
はり師	3年	受験
きゅう師	3年	受験
柔道整復師	3年	受験
栄養士	2年	不要
管理栄養士	4年	受験
社会福祉士	4年	受験
介護福祉士	2年	不要☆
精神保健福祉士	4年	受験

＊看護師養成施設卒業後
＊＊中学校卒業後
☆実務経験を経て国家試験のルートもあり

・高校を卒業した場合の一般的なルートです。大学等を卒業後、養成施設で受験資格を取得できるものも多い。
・修業年限は最低必要な年数。大学、短期大学、専門学校などで年限は異なる。

第5章

3. 実務研修受講試験はこんな試験

●都道府県単位で年に1回以上実施

　介護支援専門員実務研修受講試験（以下、受講試験）は、都道府県または都道府県知事が指定した法人（社会福祉協議会など）が年に1回以上実施することになっています。ここ何年かはほぼ以下のようなスケジュールで実行されています。

・試験案内の配布　　　　7月ごろ
・受験申し込み受付期限　8月ごろ
・試験日時　　　　　　　11月ごろ
・試験結果の通知　　　　12月ごろ

　事務手続きの詳細は都道府県によってかなり異なります。試験を受けてみようと思ったら、上記のスケジュールに関係なく、まず、念のために受験地の都道府県の担当部署に試験の予定や受験資格について問い合わせるとよいでしょう。問い合わせ先は、P.142を参照してください。試験日程などは、都道府県の広報などで発表されるので、そういうものにも注意を払っておきましょう。

　また、2003年現在、受講試験の問題は国がまとめて作成しているので、全国同じ日に同じ問題で実施されていますが、数年後には都道府県が個別に実施するようになるといわれています。その場合は、都道府県によって実施スケジュールが変わる可能性もあるので気をつけましょう。

　なお受験地は、受験資格となる業務に現在従事している人は勤務地の都道府県、従事していていない人は住所地の都道府県になります。受験地があいまいな場合も、どちらかの都道府県に問い合わせて確認するとよいでしょう。

介護支援専門員基本テキスト
編集：介護支援専門員テキスト編集委員会／発行：財団法人長寿社会開発センター／定価：6000円（改訂版・税込）／発行日：2000年6月初版発行、2003年5月改訂版発行

マークシート方式
試験やアンケートなどで、該当する箇所を鉛筆などで塗りつぶして答える方式。光学式の読み取り装置で読み取り、コンピュータで処理する。

●受験科目は、受験資格によって免除あり

　受講試験は、出題範囲基準が決められており、市販されている『介護支援専門員基本テキスト』がこれに準拠しています。受験を決めたら、まず基本テキストを購入して、概要を把握しましょう。

　受験科目は、下表のとおりです。受験資格にかかわる国家資格によっては免除科目があり、科目数と問題数が異なります。

　「介護支援分野」は、「介護保険制度の基礎知識」「要介護認定等の基礎知識」「居宅・施設サービス計画の基礎知識等」の内容で、介護保険制度全体について問われる分野です。問題数は25問あって、受験資格による免除はなく、全員が受験しなくてはなりません。

　「保健医療福祉サービス分野」は、「保健医療サービス分野の知識等」と「福祉サービス分野の知識等」に分かれ、それぞれ20問と15問あります。また、「保健医療サービス分野の知識等」は、さらに「基礎」と「総合」に分かれ、それぞれ15問と5問出題されます。

　この分野は、持っている資格によって免除があります。医師等は「保健医療サービス分野等の知識」の20問が全問免除、薬剤師等は「基礎」の15問が免除され、「総合」の5問のみ受験が義務づけられます。また、福祉士は「福祉サービス分野の知識等」の15問が免除されます。医師等、薬剤師等、福祉士にあたる資格の詳細は、P.113を参照してください。

　受験時間は、全60問を受験する人で120分。免除がある場合は、1問につき2分ずつ短くなるため、医師等は80分、薬剤師等と福祉士は90分です。また、点字受験者は受験時間が1.5倍になり、全問受験の場合は180分、弱視等受験者は1.3倍で156分になります。

●試験はマークシート方式で、5肢複択方式

　問題は、基本的に5つの項目のなかから2つまたは3つを選択する5肢複択方式で出題され

出題分野、問題数と免除の有無

出題分野	介護支援分野			保健医療福祉サービス分野			
	介護保険制度の基礎知識	要介護認定等の基礎知識	居宅・施設サービス計画の基礎知識等	保健医療サービス分野の知識等		福祉サービス分野の知識等	計
				基礎	総合		
問題数	25			15	5	15	60問
医師等	受験			免除	免除	受験	40問
薬剤師等	受験			免除	受験	受験	45問
福祉士	受験			受験	受験	免除	45問

受験できる国家資格の詳細は、P.113の表参照

ます。試験の実施要領によれば、「5肢複択および5肢択一方式」とされていますが、5肢択一の出題は少なくなっています。5肢複択方式のほうがより正確な知識を問われるため、今後も5肢複択方式が中心と考えてよいでしょう。

　設問は、「次の中から〜であるものを選べ」という場合と「次の中から〜でないものを選べ」という場合があります。また「2つ選べ」とあるときに3つ選んだり、「3つ選べ」とあるのに2つ選んだりすると、その時点で誤答と判断されてしまうので、あせらず問題をよく読むことが大切です。

　また、試験はマークシート方式で行われます。コンピュータで自動判定するため、回答欄の塗りつぶし方が中途半端だったり、書き直したときの消し方が足りなかったりすると、正しい答えがわかっていても、誤答とされてしまいます。さらに、慣れていないと1番ずつずらして記入してしまうなどのミスも起こしやすいので、マークシート方式の試験に慣れていない人は、一度模擬試験を受けるなどして体験しておくとよいでしょう。

　マークシート方式は機械的で非情なようですが、反面、選択肢のなかに必ず正答があるという点で救いもあります。たとえば「2つ選べ」という問題で、「ひとつは1番で確実なんだけれど、あともうひとつは3番と4番といったいどちらだろう」と迷ったときなどは、放置せずに、必ず3番または4番のどちらかをマークしましょう。そのようにして解答したもののうちいくつかが正答なら、正答数を増やせます。

　合否判定基準は公表されていません。ただ、大学受験のように上位から何名を合格とするのではなく、一定の基準点を上回った人は全員合格とする方式です。何問正解以上を合格とするかは年によって異なり、試験終了後、国から各都道府県に通知されます。受験者の自己採点などからは、介護支援分野と保健医療福祉サービス分野の両方で、7割程度以上正解で合格になると推測されています。

●**必要書類は早めに用意を**

　さて、受験することに決めたら、受験勉強と並行して早めに提出書類の準備を進めましょう。まず、受験地の都道府県の担当係で、試験の案内書類を入手してください。受験申し込みに必要な書類や提出方法が詳しく記載されています。

開業許可書
医院、薬局、助産所などを開設し営業するには、都道府県知事の許可が必要。

民間事業者によるサービス指針（ガイドライン）
各種介護サービスの基準となる国の定めた指針。

受験申し込みの際には、以下のような書類を提出します。
（1）受験申込書、受験整理票、受験票、写真などの申込書類
（2）受験資格を証明する書類
（3）受験手数料の振込を証明する書類
　実務経験を証明する書類としては、次のようなものが必要です。
・勤務した施設や事業所の長または代表者が発行した証明書。
・ボランティア団体などでの介護等の業務を実務経験とする場合は、団体代表による実務経験証明書のほか、その団体の概要を示す書類など。
・個人開業の場合は、開業許可書など。個人開業で、認可届け出制がない業務を行っている場合は、定期的報告書や業務日誌などで代用できます。
・民間事業者によるサービス指針（ガイドライン）を満たす事業所での勤務を実務経験とする場合は、事業所の発行する確認証明書。

　国家資格で受験する場合は、資格の免許状、登録証などのコピー、その他資格取得を証明できる書類が必要です。また、現在業務に従事していない場合は住民票、結婚などにより申込書と免許状等の氏名が異なる場合は、戸籍抄本も必要になります。免許状の書き換え手続きには時間がかかります。うっかり書き換えを忘れていた人は、あわてて受験前に書き換え申請をするよりも、戸籍抄本を用意するほうが確実です。

　実務経験証明書は、自分で事業所に連絡をとって依頼しなくてはなりません。すでに退職している場合は、事業所にとっては利益にならない面倒なことですから、快く対応してくれるとはかぎりません。時間的なゆとりをもって、ていねいに頼みましょう。特に時期が古い実務経験を利用したり、転職が多く多数の機関に証明書発行を依頼する必要がある人は、要注意です。

　受験資格を証明する書類が整ったら、試験案内書を確認して、申込書に必要事項を記入し、顔写真などとともに受験申し込みを行いましょう。

　なお、受験手数料は都道府県によって異なりますので確認を忘れずに。だいたい7000円程度ですが、なかには1万円くらいかかるところもあるようです。

受験申し込みの流れ
都道府県担当係に問い合わせ
↓
試験案内書類の入手
↓
実務経験証明書など必要書類の準備
↓
受験手数料振込
↓
申込書類提出

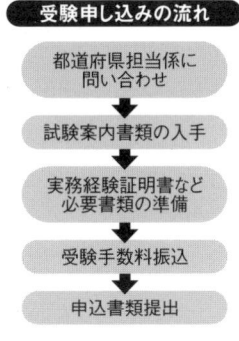

第5章 4. 受験を決めたら、準備開始

●まずは基本テキストの入手から

　受験を決めたら、さっそく準備にとりかかりましょう。

　勉強期間は、免除問題があるかにもよりますが、出題範囲が限定されているので、それほど長くとる必要はないでしょう。合格者の話を聞いても、3か月くらいで集中したほうが効率がよいという意見が多いようです。申込書を提出してからでも集中して勉強すれば間に合います。

　前節でも述べたように、介護支援専門員実務研修受講試験（以下、受講試験）の出題範囲の内容は『介護支援専門員基本テキスト』に記載されています。定価を見ると書籍としては高く感じますが、合格をめざすには基本テキストは必須です。必要な部分のみ切り取ったり、重要ポイントをマークしたり、3か月で基本テキストをぼろぼろにするくらいのつもりで勉強するとよいかもしれません。

●用語辞典、過去問題集を活用する

　基本テキストはかなり分厚く、いきなり読み始めても理解しにくいので、まず、要点をまとめた参考書などで概要を把握するとよいでしょう。頭から暗記を始めるのではなく、おおまかに「何を勉強するのか」を理解してから細かい部分にとりかかるほうが、覚えやすいはずです。

　また、介護保険制度は見慣れない用語が多いため、参考書のほかに介護保険や社会福祉についての用語辞典をひとつ備えておくと重宝します。

　問題集は、過去問題集を利用しましょう。受講試験の問題は公表されていませんが、受験者があとで報告し合った復元問題が問題集として出版されています。

ただし、参考書や問題集は、たくさん買いすぎて結局ほとんど目を通さなかったということがないようにしてください。数をそろえるよりも、数冊を繰り返し反復練習するほうが勉強になります。内容的にどれがよいかは、昨年受験した先輩の意見を聞いてみましょう。ただし、介護保険は制度変更が多く、受講試験の出題傾向にも変化があるため、古い参考書を借りるのではなく、同じシリーズや著者のものを新しく買ったほうがよいでしょう。

●勉強のしかたは、自分に合った方法で

勉強の進め方には、次のような方法が考えられます。
・参考書や問題集で独自に勉強
・職場の仲間などと勉強会
・通信教育を活用
・通学制セミナーを活用

ひとりで勉強しているとくじけがちですから、職場の仲間と勉強会をするのもひとつの手です。ただし、知識レベルが違う人が集まって参考書を読み合うような形では、あまり効果を期待できません。互いに勉強した成果を報告して競争したり、教え合ったりするとよいでしょう。また、仲間同士でわからないところは、職場などで最近合格した人に質問してみましょう。

職場の仲間などがいない場合は、通信教育や通学制セミナーを利用するのもよいでしょう。費用はかかりますが、「高い受講料を払ったのだから、絶対に合格しなければ損」という動機づけにもなります。

●実際のケースに触れ、実務に即した勉強を

受講試験の合格割合は当初40％以上でしたが、2000年は34.2％に下がりました。これは、出題傾向がより実務的な内容に変わったためといわれています。以降、30％台が続いていますが、02年、03年は30.7％とさらに低下傾向です。試験対策としては、テキストを頭から丸暗記するのではなく、現場でいま問題となっているような点をキャッチしておく必要があります。職場や家族など、身近なところで、できるだけ実際のケースに触れ、介護保険について理解を深めておく必要がありそうです。

介護支援専門員受講試験合格者数

回数（年度）	受験者数	合格者数	合格率
第4回（2001年度）	92,735人	32,560人	35.1％
第5回（2002年度）	96,207人	29,505人	30.7％
第6回（2003年度）	112,961人	34,634人	30.7％
第1回〜第6回合計	802,253人	299,903人	—

第5章
5. ズバリ、受験勉強はここがポイント ①介護支援分野

●力を入れたいのは介護保険制度論

　介護保険制度についての分野です。ケアマネジャーの基本姿勢、役割、機能などについても含まれていて、合格して介護支援専門員として働くときに、必要になってくる知識です。重点的に勉強しましょう。

　「基本視点」は、最近では1問程度しか出題されていません。常識的なことを押さえておけば十分です。いちばん力を入れておきたいのは「介護保険制度論」で、例年17～18問は出題されます。基本テキストで占めるページ数も多くなっています。

　介護保険制度はいまのところ変化が激しいので、制度の変更なども押さえておきましょう。たとえば、制度発足時には、訪問通所サービス（訪問介護やデイサービスなど）と短期入所サービス（ショートステイなど）は、それぞれに利用限度が決められていましたが、2002年には「居宅サービス区分」で一本化されました。また、3つに区分されていた訪問介護も、「身体介護」「生活援助」で2区分になりました。このような変更は、基本テキストが追いついていないこともあります。制度の変更については、職場の先輩に質問したり、専門誌で確認しましょう。インターネットでも最新情報を調べられます（P.131参照）。

●実務的、運用的な問題が増えている

　最近の出題傾向としては、基本テキストの文面そのままではなく、実務的、運用的な問題が増えているようです。丸暗記は避け、制度に沿って、ある利用者の要介護度認定からアセスメント、ケアプラン作成、モニタリング、給付管理まで、全体の流れをイメージするようなトレーニングをやってみましょう。

介護支援分野の出題範囲

1．基本視点

❶ 介護保険制度導入の背景
(1) 高齢化の進展と高齢者を取り巻く状況の変化
(2) 従来の制度の問題点
(3) 社会保険方式の意義
(4) 介護保険制度創設のねらい

❷ 介護保険と介護支援サービスの基本理念

2．介護保険制度論

❶ 介護保険制度論
(1) 介護保険制度の目的等
(2) 保険者および国、都道府県の責務等
(3) 被保険者
(4) 保険給付の手続・種類・内容
(5) 事業者および施設(人員、施設並びに運営に関する基準を含む。)
(6) 介護保険事業計画
(7) 保険財政
(8) 財政安定化基金等
(9) 保健福祉事業
(10) 国民健康保険団体連合会の介護保険事業関係業務
(11) 審査請求
(12) 雑　則
(13) 検討規定(附則)

3．要介護・要支援認定特論

❶ 要介護認定の流れ
(1) 要介護認定基準について
(2) 認定調査
(3) 主治医意見書
(4) 一次判定の概略
(5) 介護認定審査会における二次判定の概略

❷ 一次判定の仕組み
(1) 要介護認定等基準時間の推計の考え方
(2) 要介護認定等基準時間の算出方法

❸ 二次判定の仕組み
(1) 二次判定の基本的方法
(2) 介護認定審査会における審査・判定の手順
(3) 二次判定のポイント

4．介護支援サービス(ケアマネジメント)機能論

❶ 介護支援サービス(ケアマネジメント)機能論
(1) 介護保険制度における介護支援サービス(ケアマネジメント)
(2) 介護支援サービスの基本的理念、意義等
(3) 介護支援専門員の基本姿勢
(4) 介護支援専門員の役割・機能
(5) 介護支援サービスの記録

❷ 介護支援サービス(ケアマネジメント)方法論
(1) 居宅介護支援サービスの開始過程
(2) 居宅サービス計画作成のための課題分析
(3) 居宅サービス計画作成指針
(4) モニタリングおよび居宅サービス計画での再課題分析

数字は実施要綱にある出題範囲の区分、大項目、中項目に該当。

第5章 6.
ズバリ、受験勉強はここがポイント
②保健医療サービス分野

●「基礎」15問に的を絞り重点的に学習するのも手

　保健医療と介護保険にかかわるサービスや施設についての分野です。
　受験資格にかかわる国家資格が医師等の人は、全問免除されます。また、薬剤師等で受験する人は、「基礎」の15問が免除され、「総合」の5問のみを受験します。資格と免除される科目についての詳細は、P.117の表を参照してください。
　「基礎」は、高齢者の身体・精神的な特徴や、高齢者がかかりやすい疾患、保健医療サービス・施設についての設問です。たとえば、「高齢者の身体的・精神的な特徴について正しいものを2つ選びなさい」「高齢者（特に要介護状態にあるもの）に起きやすい症状・状態として適切なものを3つ選びなさい」などの問題が出ています。いずれも基礎的な内容ですので、介護等の現場で働いている人には、それほどとまどいはないでしょう。
　「総合」では、保健医療について、より専門的な知識を問われるため、保健医療関係職でなければ多少むずかしいかもしれません。ただし、科目免除がない人は基礎をきちんと押さえておけば、20問中15問は正解できます。「総合」の5問は正解が1、2問でも合格点に達するので、あまり心配しないで徹底的に基礎を勉強しましょう。「基礎」を免除される人は、逆にむずかしい「総合」の5問の正答率を下げることができません。特に現場医療と直接のかかわりが少ない資格で受験する人は、油断しないように重点的に勉強してください。
　保健医療サービス分野は介護支援分野に比べ、制度変更の影響はあまり受けません。過去の復元問題などを参考にするとよいでしょう。

保健医療サービス分野の出題範囲

5．高齢者支援展開論（高齢者介護総論）

❶ 総論Ⅰ　医学編
(1) 高齢者の身体的・精神的な特徴と高齢期に多い疾病および障害
(2) バイタルサインの正確な観察・測定、解釈・分析
(3) 検査の意義およびその結果の把握、患者指導
(4) 介護技術の展開
(5) ケアにおけるリハビリテーション
(6) 痴呆性高齢者の介護
(7) 精神に障害のある場合の介護
(8) 医学的診断・治療内容・予後の理解
(9) 現状の医学的問題、起こりうる合併症、医師、歯科医師への連絡・情報交換
(10) 栄養・食生活からの支援・介護
(11) 呼吸管理、その他の在宅医療管理
(12) 感染症の予防
(13) 医療器具を装着している場合の留意点
(14) 急変時の対応
(15) 健康増進・疾病障害の予防

❸ 総論Ⅲ　臨死編
(1) チームアプローチの必要性および各職種の役割
(2) 高齢者のターミナルケアの実際、家族へのケア
(3) 死亡診断

6．高齢者支援展開論（居宅サービス事業各論）

❸ 訪問看護方法論
(1) 訪問看護の意義・目的
(2) 訪問看護サービス利用者の特性
(3) 訪問看護の内容・特徴
(4) 介護支援サービスと訪問看護

❹ 訪問リハビリテーション方法論
(1) 訪問リハビリテーションの意義・目的
(2) 訪問リハビリテーションサービス利用者の特性
(3) 訪問リハビリテーションの内容・特徴
(4) 介護支援サービスと訪問リハビリテーション

❺ 居宅療養管理指導方法論
(1) 医学的管理サービスの意義・目的
(2) 医学的管理サービス利用者の特性
(3) 介護支援サービスと医学的管理サービス
(4) 口腔管理―歯科衛生指導の意義・目的
(5) 口腔管理―歯科衛生指導利用者の特性
(6) 介護支援サービスと口腔管理―歯科衛生指導
(7) 薬剤管理指導の意義・目的
(8) 薬剤管理指導利用者の特性
(9) 介護支援サービスと薬剤管理指導

❼ 通所リハビリテーション方法論
(1) 通所リハビリテーションの意義・目的
(2) 通所リハビリテーションサービス利用者の特性
(3) 通所リハビリテーションの内容・特徴
(4) 介護支援サービスと通所リハビリテーション

❾ 短期入所療養介護方法論
(1) 短期入所療養介護の意義・目的
(2) 短期入所療養介護サービス利用者の特性
(3) 短期入所療養介護の内容・特徴
(4) 介護支援サービスと短期入所療養介護

7．高齢者支援展開論（介護保険施設各論）

❷ 介護老人保健施設サービス方法論
(1) 介護老人保健施設の意義・目的
(2) 介護老人保健施設サービス利用者の特性
(3) 指定介護老人保健施設の内容・特徴

❸ 指定介護療養型医療施設サービス方法論
(1) 指定介護療養型医療施設の意義・目的
(2) 指定介護療養型医療施設サービス利用者の特性
(3) 指定介護療養型医療施設の内容・特徴
(4) 老人性痴呆疾患療養病棟の意義・目的
(5) 老人性痴呆疾患療養病棟利用者の特性
(6) 老人性痴呆疾患療養病棟の内容・特徴

数字は実施要綱にある出題範囲の区分、大項目、中項目に該当。

7. ズバリ、受験勉強はここがポイント ③福祉サービス分野

●用語に悩まず意味をしっかりつかむ

　相談や面接の方法と、介護保険にかかわるサービスや施設などについて問われる分野です。受験資格にかかわる国家資格が社会福祉士、介護福祉士、精神保健福祉士の人は、全問免除されます。

　出題範囲のうち、「高齢者支援展開論」の「総論Ⅱ　福祉編」は耳慣れない片仮名語が多く、ソーシャルワークの方法論に慣れていない人にはむずかしく感じるかもしれません。しかし、内容的には常識的に判断できるものも多いため、言葉をただ丸暗記するのではなく、意味をしっかりつかみましょう。記述式ではなくマークシート方式ですから、言葉が少しくらいうろ覚えでも、内容を理解していれば正答のチャンスは増えます。

●住宅改修や福祉用具貸与は具体的な利用例で学ぶ

　サービスや施設については、実際に現場で働いている人にとっては、それほどむずかしい問題ではないはずです。施設勤務の人は在宅のことを、在宅ケアにかかわる人は施設のことなど、自分が知らない分野を重点的に押さえておきましょう。また住宅改修や福祉用具の貸与については、正確な知識が必要とされます。運用例を把握するため、勤務先で、先輩のケアマネジャーなどに実際の利用例を聞いておくのもよいかもしれません。ただ参考書で勉強するよりも、イメージをつかみやすくなります。

　保健医療サービス分野と同じく、基本テキストを押さえたうえで、過去問題を重点的に勉強するとよいでしょう。

福祉サービス分野の出題範囲

5．高齢者支援展開論（高齢者介護総論）

❷ 総論Ⅱ　福祉編
(1) 基礎相談・面接技術
(2) ソーシャルワークとケアマネジメント（介護支援サービス）
(3) ソーシャルワーク（社会福祉専門援助技術）の概要
(4) 接近困難事例への対応

6．高齢者支援展開論（居宅サービス事業各論）

❶ 訪問介護方法論
(1) 訪問介護の意義・目的
(2) 訪問介護サービス利用者の特性
(3) 訪問介護の内容・特徴
(4) 介護支援サービスと訪問介護

❷ 訪問入浴介護方法論
(1) 訪問入浴介護の意義・目的
(2) 訪問入浴介護利用者の特性
(3) 訪問入浴介護の内容・特徴
(4) 介護支援サービスと訪問入浴介護

❻ 通所介護方法論
(1) 通所介護の意義・目的
(2) 通所介護サービス利用者の特性
(3) 通所介護の内容・特徴
(4) 介護支援サービスと通所介護

❽ 短期入所生活介護方法論
(1) 短期入所生活介護の意義・目的
(2) 短期入所生活介護サービス利用者の特性
(3) 短期入所生活介護の内容・特徴
(4) 介護支援サービスと短期入所生活介護

❿ 痴呆対応型共同生活介護方法論
(1) 痴呆対応型共同生活介護の意義・目的
(2) 痴呆対応型共同生活介護サービス利用者の特性
(3) 痴呆対応型共同生活介護の内容・特徴
(4) 介護支援サービスと痴呆対応型共同生活介護

⓫ 特定施設入所者生活介護方法論
(1) 特定施設入所者生活介護の意義・目的
(2) 特定施設入所者生活介護サービス利用者の特性
(3) 特定施設入所者生活介護の内容・特徴
(4) 介護支援サービスと特定施設入所者生活介護

⓬ 福祉用具および住宅改修方法論
(1) 福祉用具の意義・目的
(2) 福祉用具利用者の特性および福祉用具の機能、使用法
(3) 福祉用具の内容・特徴
(4) 介護支援サービスと福祉用具
(5) 住宅改修の意義・目的
(6) 住宅改修利用者の特性および住宅改修の機能、使用法
(7) 住宅改修の内容・特徴
(8) 介護支援サービスと住宅改修

7．高齢者支援展開論（介護保険施設各論）

❶ 指定介護老人福祉施設サービス方法論
(1) 指定介護老人福祉施設の意義・目的
(2) 指定介護老人福祉施設サービス利用者の特性
(3) 指定介護老人福祉施設の内容・特徴

8．高齢者支援展開論（社会資源活用論）

❶ 公的サービスおよびその他の社会資源導入方法論
(1) 自立支援のための総合的ケアネットワークの必要性
(2) 社会資源間での機能や役割の相違
(3) フォーマルな分野とインフォーマルな分野の連携の必要性

数字は実施要綱にある出題範囲の区分、大項目、中項目に該当。

〈インタビュー5〉

受験対策セミナーの講師にきく
制度全体をつかみ現場に即した勉強を

話をきいた人●林　和美さん（社会福祉法人慈恵会総合企画部長）

——林さんは、介護支援専門員実務研修受講試験の受験対策セミナーの講師もなさっているわけですが、そのお立場から何か心がけておられることはありますか。

　最初講師の話があったとき、ただの受験講座にするのはいやだと言ったんです。受講者が介護支援専門員になったあと、よりよいケアマネジャーとしてやっていけるようなスキルアップにつながることをねらっています。

——よいケアマネジャーとは、どんな人でしょう。

　まず、利用者が生活をしていくうえで、困っていることのニーズを的確につかめること。それから、目標を立て援助を組み立てていく過程で、利用者といっしょに作り上げていくという姿勢を持てる人。利用者のニーズを優先してアプローチするということですね。ところが、いまの介護支援専門員はそうなっていない。「デイサービス使いたいんですけど」「はい、わかりました」という形で、サービス優先になってしまっています。

——なぜそうなるのでしょうか。そして、解決策は？

　制度上の問題として、介護支援専門員が給付管理に忙殺されてしまっているからです。もっとゆとりを持って仕事ができるようにするには、まずひとつには、ケアプラン作成や住宅改修意見書の作成など、介護支援専門員の仕事に対する報酬を上げるしかないでしょう。担当する利用者数を少なくしても赤字にならずにやっていけるようになれば、「これで生活していけるな」と実感できてやる気にな

る。また、事業収入が得られると経営者からも評価されます。

　それから、もうひとつは、利用者にセルフケアプランを立ててもらい、それをサポートする役割をケアマネジャーが担っていくことだと思います。

　何らかの形で利用者が介護支援専門員を評価する制度も欲しいですね。評価があればやりがいが生まれます。競争があって、いいケアマネジャーのところに利用者が集まる。利用者は、ケアマネジャーを評価することで、対等になれる。そういう形になればいいなと思います。

　ともかく、相談業務に公的な形で報酬が支払われるのは、介護保険が初めてです。まだ不十分な点はたくさんありますが、介護保険のおかげでケアマネジメントの重要性が注目されたのはいいことです。

——ケアマネジャーは、やりがいがある仕事でしょうか。

　ケアマネジャーは、対人援助のだいご味を味わえる仕事です。どんな仕事でもそうですが、自分がやったことが人に喜んでもらえるとうれしい。たとえば栄養士なら、自分が作った食事を利用者がおいしく食べてくれるとうれしいですよね。ケアマネジャーは、人と触れ合い、その人の人生にかかわれる仕事です。専門職として仕事をしてきた方は、そういう喜びを知っていると思いますが、介護支援専門員の資格を取ることで、さらに深いところに踏み込めます。

——これから受験する人のために、勉強のポイントを教えてください。

　勉強は自分でやるものですから、セミナーには出なくてもいいでしょう（笑）。ただし、テキストは必要です。まず『介護支援専門員基本テキスト』(P.116参照)はきちんと押さえなくてはなりません。もっとも、僕は「関係法令及び解釈通知」のページは、カッターで切り取ってしまいなさいと教えています。ここが全然出ないというわけじゃないんです。ただ、関連した内容は、前のページに出ています。基本テキストは重いので、切り取って軽くし、持ち歩きやすくする。いつでも見られるような状態で使うのがいいと思います。

　それから、「介護支援分野」は第3回試験から試験内容が大幅に変わって、より実践的な内容が入ってきています。教科書に直接書いてあるようなことではなく、現場で仕事をしている人にわかりやすい問題が出ている。今後、この傾向は

はやし　かずみ
1959年岐阜生まれ。日本福祉大学大学院社会福祉学研究科修了。94年4月より現職。社会福祉士、介護支援専門員。98年より実務研修受講試験対策セミナー講師をつとめる。

ますます強くなるでしょう。ですから教科書を丸暗記するだけではなく、現場を見て介護保険について考えてみることが必要です。たとえば職場でケアマネジャーの仕事を見せてもらうとか、自分の担当患者や利用者を、要介護度認定の段階からずっと追いかけてみるとか。こういう状態だから、これをやるにはこういう書類が必要だなと考える。そういうことをやると、試験に受かりやすいでしょう。
──問題集をやったほうがいいですか。

　過去問はやったほうがいいですね。いままで3回試験があったので、それを重点的にやる。問題は公表されていませんが、受験者による復元問題集は出ています。介護保険制度については昨年から問題が変わってきていますが、保健医療・福祉サービスに関する問題は、それで解けます。
──効率のいい勉強方法はありますか。

　いきなり基本テキストを読もうとすると、わからない言葉がたくさん出てきて、すぐに眠くなります。テキストを読む前に、概念図のようなものを使って、介護保険の全体の流れを理解するとよいでしょう。

　保険というしくみでは、まず保険を運営する保険者がいます。それから、保険に加入する被保険者がいる。そして、この保険者と被保険者との関係は、契約と保険料ということで成り立っています。保険者は契約すると、被保険者に一定の保険事故があったときに、保険の給付を行う。だから介護保険でも、保険者、被保険者、保険料、保険事故、保険給付の5つは、必ず出てきます。このことをまず覚えましょう。そうすると、被保険者ってだれなのかなあと思ってテキストで調べると、第一号と第二号があることがわかる。その違いはと見ると、年齢だなとわかる。全体像を把握しておくと、細かな点が理解しやすくなります。あとは、それぞれのキーワードをきちんと押さえることですね。
──これから受験する人に、ひと言お願いします。

　これから受験する人は、介護保険制度における介護支援専門員の仕事の大変さを知ったうえで、受けようとしているわけです。本当の意味でケアマネジャーになりたい人でしょう。そういう人たちに、新しい空気を送り込んでもらえればと期待します。

(取材は2001年8月)

メモ 9

[最新情報を手軽に入手できないの?]

answer

インターネットを活用しましょう。受験する仲間も探せます。

　介護保険にかかわる仕事をしていない人や小規模の施設で働いている人は、受験勉強をしようと思っても、情報交換をしたり相談したりする相手をなかなか見つけられません。そういうときに、インターネットを活用しましょう。最近では、制度改正や行政通知などの情報はいち早く関係省庁や福祉関連のホームページに掲載されていますし、介護支援専門員や介護支援専門員実務研修受講試験の受験者が集まって情報交換をするホームページもあります。

　介護支援専門員の仕事をしようとすると、膨大な事務作業をこなすため、パソコンを利用せざるを得なくなってきます。「パソコンは苦手」という人も、家族や同僚に協力してもらって、この際挑戦してみましょう。だれかパソコンに詳しい人に頼んで情報を入手してもらうだけでも役立つはずです。

　お勧めのホームページをいくつか紹介しておきます。

・**厚生労働省ホームページ**　http://www.mhlw.go.jp/
　法令や通知を検索できます。福祉関連の統計資料も掲載されています。

・**WAM NET**　http://www.wam.go.jp/
　独立行政法人福祉医療機構(旧社会福祉・医療事業団)の運営する福祉・保健・医療の総合情報サイト。

・**どんたくアカデミー**
http://village.infoweb.ne.jp/~fwik7750/
　福岡県在住の医師が運営するホームページ。介護支援専門員実務研修受講試験過去問題や模試を閲覧できるほか、Q&Aや相談コーナーもあります。

第5章

8. 合格したら実務研修を受講します

●研修修了まで、合格してから半年かかることも

　試験に合格しても、安心してしまってはいけません。介護支援専門員になるためには、合計35時間以上実施される介護支援専門員実務研修の受講が必要です。

　研修は試験に合格してから1年以内に受講します。日程は都道府県によって多少異なりますが、だいたいは2～3回に分けて行われます。合格通知を12月に受け取っても、研修が終了するのは翌年5月～6月になることもあります。研修費は必要ありませんが、研修に使用する教材の実費を請求されることがあります。また、会場までの交通費や宿泊費は受講者の自己負担です。

　研修は、試験に合格した都道府県で受講するのが原則ですが、合格後転勤したなど、やむを得ない事情があれば、別の都道府県での受講を認められることがあります。ただし、複数の都道府県で分割して受講することはできません。

●講義から実習まで、実践的な内容が盛り込まれる

　実務研修は、介護支援専門員として必要な専門的知識と技術を具体的に修得させることを目的とし、次のような内容で行われます（〔　〕内は標準目安時間）。

◆介護保険制度の理念と介護支援専門員〔2時間〕

　介護保険制度の基本理念、介護支援専門員の機能や役割、要介護・要支援認定や保険給付、給付管理などの基本的な理解をはかるための講義です。

◆介護支援サービス（ケアマネジメント）の基本〔2時間〕

　介護支援サービスの意義と目的、サービスにおけるチームケア、介護支援専門員の倫理と基本姿勢などについての講義です。

【演習と実習はどう違うの？】

A　演習はモデルケースなどについて指導のもとに研究すること。実習は実際の利用者など、実例に基づく学習を行う。

◆要介護認定等の基礎〔2時間〕
　認定調査や認定基準の基本的な視点と概要、利用者の状態と要介護度の関連などに関する講義です。
◆介護支援サービス（ケアマネジメント）の基礎技術
　次の講義、演習が行われ、④と⑤の間に実習が入ります。
　①受付および相談と契約〔2時間〕
　　利用希望者との相談、利用希望者を発見してサービスへ結びつける必要性、利用者主体の契約の認識などについての講義です。
　②アセスメント、ニーズ把握の方法〔講義2時間、演習4時間〕
　　アセスメントの重要性、的確な情報把握と分析の必要性についての講義と、収集された情報から課題を明らかにしていく方法と技術についての演習です。
　③居宅サービス計画等の作成〔講義2時間、演習4時間〕
　　アセスメントで明らかになった課題について、目標実現のためのサービス計画の原案作成を演習します。サービス実施状況の確認方法なども学びます。
　④実習オリエンテーション〔1時間〕
　⑤アセスメント・居宅サービス計画等作成演習〔6時間〕
　　各自が行った実習事例のアセスメントとサービス計画をもとに、事例検討などを行います。演習実施の意義やまとめについての講義も含まれます。
　⑥モニタリングの方法〔2時間〕
　　モニタリングによってサービス計画の再作成を行う方法と技術についての講義です。
◆介護支援サービス（ケアマネジメント）の展開技術
　①相談面接技術の理解〔2時間〕
　　アセスメントを行うための相談面接技術習得のための講義です。
　②チームアプローチ演習〔6時間〕
　　ロールプレイ等の演習を通して、専門職チームによる相互理解の重要性、情報の共有などの重要性を理解するための演習です。
◆意見交換、講評〔1時間〕

合格したら実務研修を受講します

● 第5章

あなたは、いま、どの段階？

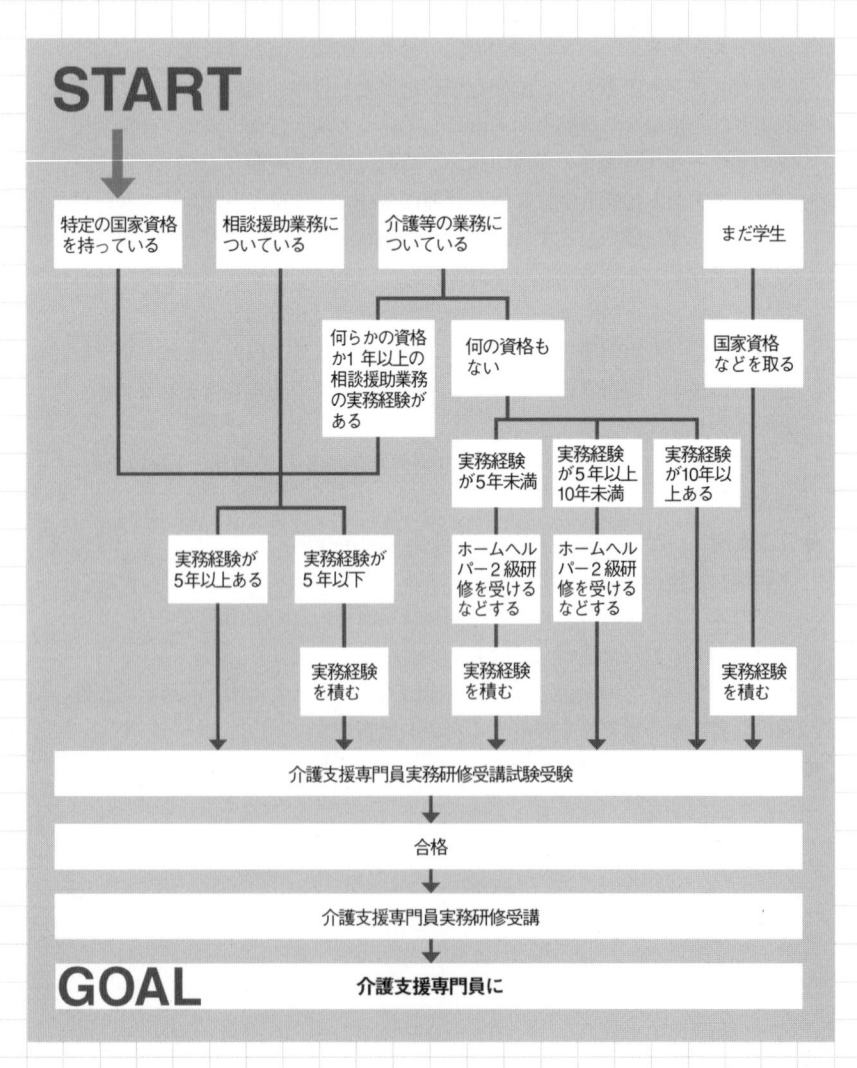

立ち止まってチェック！

START

```
特定の国家資格     相談援助業務に    介護等の業務に                           まだ学生
を持っている      ついている       ついている
                                    │
                              ┌─────┴─────┐
                         何らかの資格     何の資格も
                         か1年以上の      ない
                         相談援助業務                                        国家資格
                         の実務経験が                                        などを取る
                         ある
                              │          │          │          │
                         実務経験      実務経験    実務経験が5年以上  実務経験
                         が5年未満              10年未満         が10年以
                                                              上ある
                              │          │          │
                         ホームヘル    ホームヘル
                         パー2級研    パー2級研
                         修を受ける    修を受ける
                         などする     などする

  実務経験が    実務経験が
  5年以上ある   5年以下
                              │
              実務経験      実務経験
              を積む       を積む                             実務経験
                                                          を積む
```

介護支援専門員実務研修受講試験受験
↓
合格
↓
介護支援専門員実務研修受講

GOAL

介護支援専門員に

第5章 あなたに合った資格の取り方を見つけましょう

役立ち情報ページ

介護支援専門員になるための基礎資格はなかなか複雑です。
自分に受験資格があるかどうか、まず調べてみましょう。
資格があるとわかったら、いよいよ受験準備です。
試験の問い合わせ先、
就職先を探すための役立ち情報も集めました。

介護支援専門員実務研修受講試験受験資格一覧

◆

問い合わせ先一覧

◆

就職先を探すリスト

介護支援専門員実務研修受講試験
受験資格一覧

受験資格となる相談援助業務や介護等の業務の範囲です。
国家資格がなくても、これらの業務で一定期間の実務経験があれば受験できます。

▼

● 相談援助業務に従事する者の範囲

1. 施設等において必置とされている相談援助業務に従事する者

● 施設等	● 業務の範囲
1. 知的障害児施設、肢体不自由児施設（肢体不自由児通園施設を除く）、重症心身障害児施設	児童福祉施設最低基準第49条第1項、第69条第1項・5項、第73条第1項に規定する**児童指導員**
2. 身体障害者更生相談所	「身体障害者更生相談所の設置及び運営について」（平成5年3月31日付け社援更第107号）第1に規定する**身体障害者福祉司**、**ケース・ワーカー**
3. 身体障害者更生施設	「身体障害者更生施設等の設備及び運営について」（昭和60年1月22日付け社更第4号）第2章の第3、第4、第5または第7に規定する**生活指導員**、第2章の第6に規定する**ケース・ワーカー**
4. 身体障害者療護施設	「身体障害者更生施設等の設備及び運営について」第3章の第5に規定する**生活指導員**
5. 身体障害者福祉ホーム	「身体障害者福祉ホームの設備及び運営について」（昭和60年1月22日付け社更第5号）別紙（身体障害者福祉ホーム設置運営要綱）9に規定する利用者の生活および自立に関する相談、助言その他必要な援助を行う職員
6. 身体障害者授産施設	「身体障害者更生施設等の設備及び運営について」第4章の第3または第4に規定する**生活指導員**、第5に規定する**指導員**、「身体障害者福祉工場の設備及び運営について」（昭和47年7月22日付け社更第128号）別紙（身体障害者福祉工場設置運営要綱）7に規定する**指導員**
7. 身体障害者福祉センター	「身体障害者福祉センターの設置及び運営について」（昭和60年1月22日付け社更第6号）別紙（身体障害者福祉センター設置運営要綱）に規定する**身体障害者に関する相談に応ずる職員**
8. 救護施設、更生施設	救護施設、更生施設、授産施設及び宿所提供施設の設備及び運営に関する最低基準（昭和41年厚生省令第18号）第11条第1項第3号、第19条第1項第3号に規定する**生活指導員**
9. 福祉に関する事務所	社会福祉法（昭和26年法律第45号）第15条第1項第1号に規定する**指導監督を行う所員（査察指導員）**、身体障害者福祉法（昭和24年法律第283号）第11条の2第1項、第2項に規定する**身体障害者福祉司**、知的障害者福祉法（昭和35年法律第37号）第10条第1項、第2項に規定する**知的障害者福祉司**、老人福祉法（昭和38年法律第133号）第6条、第7条に規定する**社会福祉主事（老人福祉指導主事）**、社会福祉法第15条第1項第2号に規定する**現業を行う所員（現業員）**
10. 知的障害者更生相談所	「知的障害者更生相談所の設置及び運営について」（昭和35年6月17日付け社発第380号）第1に規定する**ケース・ワーカー**
11. 知的障害者更生施設、知的障害者授産施設、知的障害者通勤寮	知的障害者援護施設の設備及び運営に関する基準（平成2年厚生省令第57号）第11条第1項第4号、第21条第1項第4号、第27条第1項第3号に規定する**生活指導員**
12. 知的障害者福祉ホーム	知的障害者援護施設の設備及び運営に関する基準第33条第

	1項に規定する**管理人**
13. 養護老人ホーム、特別養護老人ホーム、軽費老人ホーム、老人福祉センター、老人短期入所施設、老人デイサービスセンター、老人介護支援センター	養護老人ホームの設備及び運営に関する基準(昭和41年厚生省令第19号)第12条第1項第3号に規定する**生活指導員**、特別養護老人ホームの設備及び運営に関する基準(平成11年厚生省令第46号)第12条第1項第3号に規定する**生活相談員**、「軽費老人ホームの設備及び運営について」(昭和47年2月26日付け社老第17号)別紙(軽費老人ホーム設置運営要綱)第2に規定する**主任生活指導員**または**生活指導員**、第3に規定する利用者の**生活、身上に関する相談、助言**を行う職員、第4に規定する**生活指導員**、「老人福祉法による老人福祉センターの設備及び運営について」(昭和52年8月1日付け社老第48号)別紙1(老人福祉センター設置運営要綱)第2に規定する**相談・指導**を行う職員または第3に規定する**相談・指導**を行う職員、「在宅老人福祉対策事業の実施及び推進について」(昭和51年5月21日付け社老第28号)別添3(老人短期入所運営事業実施要綱)1に規定する**生活指導員**、別添4(老人デイサービス運営事業実施要綱)1に規定する**生活指導員**、老人介護支援センターにおいて**相談援助業務を行っている職員**
14. 生活保護法(昭和25年法律第144号)第38条第1項第4号、第5号に規定する授産施設、宿所提供施設	「生活保護法による保護施設事務費及び委託事務費の支弁基準について」(昭和48年5月26日付け厚生省社第497号)に基づき配置された**指導員**
15. 老人福祉法第29条に規定する有料老人ホーム	**相談援助業務を行っている指導員**
16. 「高齢者総合相談センター運営事業の実施について」(昭和62年6月18日付け社老第80号)別紙(高齢者総合相談センター運営要綱)に基づく高齢者総合相談センター	**相談援助業務を行っている相談員**
17. 「隣保館の設置及び運営について」(平成9年9月9日付け厚生省発社援第198号)別紙(隣保館運営要綱)に基づく隣保館、「隣保館における隣保事業の実施について」(平成9年9月9日付け社援第81号)別添5(広域隣保活動事業実施要綱)に基づく広域隣保活動	**相談援助業務を行っている職員**
「地域改善対策対象地域における生活相談員の設置について」(昭和55年5月21日付け社生第82号)別添(地域改善対策対象地域における生活相談員設置要綱)に基づく事業	**相談援助業務を行っている生活相談員**
18. 市(特別区を含む)区町村社会福祉協議会	**相談援助業務を行っている職員** 以下に示す実施要綱により、必置とされている相談援助職員とする。 ア.「福祉活動専門員」(「社会福祉協議会活動の強化について」(平成6年9月30日付け厚生省発社援第300号厚生事務次官通知) イ.「地域福祉活動コーディネーター」(「ふれあいのまちづくり事業の実施について」(平成3年9月20日付け社庶第206号社会局長通知、平成8年7月17日付け社援地第68号厚生省社会・援護局長通知)) ウ.「市区町村ボランティアセンターにおける相談員」(「福祉活動への参加の推進について」(平成6年7月11日付け社援地第86号厚生省社会・援護局長通知)別添2「市区町村ボランティアセンター活動事業実施要綱」)
19. 心身障害者福祉協会法(昭和45年法律第44号)第17条第1項第1号に規定する福祉施設	**相談援助業務を行っている指導員**、**ケース・ワーカー**
20. 「知的障害者福祉工場の設置及び運営について」(昭和60年5月21日付け厚生省社発第104号)別紙(知的障害者福祉工場設置運営要綱)に基づく知的障害者福祉工場	**相談援助業務を行っている指導員**
21. 財団法人労災ケアセンターが受託運営する労働者災害補償保険法(昭和22年法律第50号)第23条第1項第2号に基づき設置された労災特別介護施設	**相談援助業務を行っている主任指導員**
22. 「重症心身障害児(者)通園事業の実施について」(平成8年5月10日付け児発第496号)別紙(重症心身障害児(者)通園事業実施要綱)に基づく「重症心身障害児(者)通園事業」を行っている施設	**児童指導員**
23. 「視聴覚障害者情報提供施設等の設備及び運営について」(平成2年12月17日付け社更第247号)別紙(視聴覚障害者情報提供施設及び補装具製作施設の設備及び運営基準)	**相談援助業務を行っている職員**

第3章の第2に基づく点字図書館、第3章の第4に基づく聴覚障害者情報提供施設	
24.身体障害者福祉法第4条の2第3項に規定する身体障害者デイサービス事業を行う施設	相談援助業務を行っている職員
25.「身体障害者自立支援事業の実施について」(平成3年10月7日付け社更第220号)別添(身体障害者自立支援事業実施要綱)に基づく「身体障害者自立支援事業」を行っている身体障害者向け公営住宅、賃貸住宅、身体障害者福祉ホーム等	相談援助業務を行っている職員
26.「市町村障害者生活支援事業の実施について」(平成8年5月10日付け社援更第133号)別添(市町村障害者生活支援事業実施要綱)に基づく「市町村障害者生活支援事業」を行っている施設	相談援助業務を行っている職員
27.「知的障害者地域生活援助事業の実施について」(平成元年5月29日付け児発第397号)別紙(知的障害者地域生活援助事業実施要綱)に基づく「知的障害者地域生活援助事業」を行っている知的障害者グループホーム	相談援助業務を行っている職員
28.「知的障害者生活支援事業の実施について」(平成3年9月19日付け児発第791号)別紙(知的障害者生活支援事業実施要綱)に基づく「知的障害者生活支援事業」を行っている知的障害者通勤寮、知的障害者更生施設、知的障害者授産施設(通所施設を除く)	相談援助業務を行っている職員
29.「在宅知的障害者デイサービス事業の実施について」(平成3年9月30日付け児発第832号)別紙(在宅知的障害者デイサービス事業実施要綱)に基づく「在宅知的障害者デイサービス事業」を行っている在宅知的障害者デイサービスセンター	相談援助業務を行っている職員
30.「知的障害者社会活動総合推進事業の実施について」(平成4年6月29日付け児発第616号)別紙(知的障害者社会活動総合推進事業実施要綱)第3の6に基づく「知的障害者専門相談(法的助言・相談)事業」を行っている施設	相談援助業務を行っている相談員
31.老人福祉法第5条の2第3項に規定する老人デイサービス事業を行う施設	生活指導員
32.「在宅老人福祉対策事業の実施及び推進について」(昭和51年5月21日付け社老第28号)別添4(老人デイサービス運営事業実施要綱)2に基づく「高齢者生活福祉センター運営事業」を行っている高齢者生活福祉センター	生活援助員
33.「高齢者世話付住宅(シルバーハウジング)生活援助員派遣事業の実施について」(平成2年8月27日付け老福第168号)別添(高齢者世話付住宅(シルバーハウジング)生活援助員派遣事業実施要綱)に基づく「高齢者世話付住宅(シルバーハウジング)生活援助員派遣事業」を行っている高齢者世話付住宅	生活援助員
34.「地域福祉センターの設置運営について」(平成6年6月23日付け社援地第74号)別紙(地域福祉センター設置運営要綱)に基づく地域福祉センター	相談援助業務を行っている職員
35.介護保険(平成9年法律第123号)第7条第22項に規定する介護老人保健施設	相談援助業務に従事している者
36.精神保健及び精神障害者福祉に関する法律第6条に規定する精神保健福祉センター、地域保健法第5条に規定する保健所	精神保健福祉相談員
37.精神保健及び精神障害者福祉に関する法律第50条の2に規定する精神障害者社会復帰施設	相談援助業務に従事している者
38.「介護実習・普及センター運営事業の実施について」(平成4年4月22日付け老企第137号)別紙(介護実習・普及センター運営要綱)に基づく介護実習・普及センター	相談援助業務を行っている職員
39.「精神障害者地域生活援助事業(精神障害者グループホーム)の実施について」(平成4年7月27日付け健医第902号)別紙(精神障害者地域生活援助事業実施要綱)に基づく「精神障害者地域生活援助事業」を行っている精神障害者グループホーム	相談援助を行っている職員

40.	「精神障害者地域生活支援事業の実施について」(平成8年5月10日付け健医発第573号)別紙(精神障害者地域生活支援事業実施要綱)に基づく「精神障害者地域生活支援事業」を行っている精神障害者社会復帰施設(地方公共団体が委託して実施する場合は、近隣の精神障害者生活訓練施設等との密接な連携が確保された施設)	相談援助を行っている職員
41.	「障害児(者)地域療育等支援事業の実施について」(平成8年5月10日付け児発第497号)別紙(障害児(者)地域療育等支援事業実施要綱)に基づく「療育等支援施設事業」	相談援助業務を行っている相談員
42.	児童福祉法第27条第2項に基づく厚生大臣の指定を受けた国立療養所等	児童福祉施設最低基準第69条第1項、第73条第1項に規定する児童指導員

2. 次に掲げる法律に定められた相談援助業務に従事する者

1. 町村(福祉事務所設置町村を除く)の老人福祉担当職員、身体障害者福祉担当職員、知的障害者福祉担当職員のうち主として**相談援助業務に携わっている者**
2. 保健所において**公共医療事業に従事する者**

3. 次に掲げる相談援助業務に従事する者であって、社会福祉主事任用資格を有する者、訪問介護員養成研修2級課程に相当する研修を修了した者、または、当該者が実施要綱4の(2)ア(ア)の③および④に該当する場合*。

・訪問介護員養成研修2級課程に相当する研修については、次に掲げる研修を修了した者をいい、当該研修修了証明書または当該研修を修了したことを確認できる書類の写しを受験申込書に添付させることにより確認すること。なお、イの場合にあっては、研修修了証明書等研修の実施主体が発行した研修を修了したことを確認できる書類(以下「研修修了証明書等」という)の写しと研修カリキュラムの写しを添付させることにより確認すること。
 ア.訪問介護員養成研修2級課程に相当する研修とは、訪問介護員に関する省令(平成12年3月10日厚生省令第23号)に基づく2級課程修了(介護保険法施行令(平成10年12月24日政令第412号)附則第4条に定める者を含む。)であること。
 イ.都道府県知事は、受験申込者から提出された研修カリキュラムにより次の(ア)および(イ)を確認し、かつ、研修修了証明書等の写しにより、受講の事実を確認したものであること。
 (ア)保健・医療・福祉に関する研修時間数が90時間以上であること。ただし、研修時間数が90時間には満たないが、当該研修の実施主体が追加研修を実施し、合計で90時間以上になるものを含むこと。なお、この場合、追加研修は、先に受けた研修の修了後5年以内に修了したものに限ること。また、追加研修の内容は先に修了した研修内容と重複するものではないこと。
 (イ)研修内容は、相談援助に関する講義が10時間以上含まれていること。

1. 医療機関において**医療社会事業に従事する者**(患者や家族に対し疾病の治療等の妨げとなる経済的、精神的な諸問題について相談、指導を担当する者)
2. 「公営住宅等関連事業推進事業制度要綱」(平成6年6月23日付け建設省住建発第55号)に基づく「シニア住宅」において**主として相談援助を行っている職員**
3. 指定居宅サービス事業者、指定居宅介護支援事業者、基準該当居宅介護支援事業者および基準該当居宅サービスを行う事業者において、**相談援助業務・連絡調整業務に従事している者**
4. 3.のサービスに相当するサービス(福祉用具を販売するサービスを含む)に係る業務を行っている事業者(社会福祉協議会・福祉公社・生活協同組合・農業協同組合・シルバー人材センター等の民間非営利組織、民間企業等)であって、市町村の委託を受けたものまたは民間事業者によるサービス指針(ガイドライン)を満たすと認められるものにおいて、**相談援助業務・連絡調整業務に従事している者**
・「民間事業者によるサービス指針(ガイドライン)を満たすと認められるもの」の取扱いについては、都道府県知事が、各サービスごとに事業主から提出された別添「確認証明書」により、各事項について基準を満たしていることを確認した場合に限ること。

4. その他

1. 老人福祉施設、有料老人ホーム、身体障害者更生援護施設、知的障害者援護施設、保護施設、老人保健施設の**施設長**(社会福祉主事任用資格を有する者または社会福祉施設長資格認定講習会もしくはこれに相当する研修を修了した者に限る。または、当該者が実施要綱4の(2)ア(ア)の①から④に該当する場合*)
・社会福祉施設長認定講習会に相当する研修については、次に掲げる研修を修了した者をいい、当該研修修了証書の写しを受験申込書に添付させることにより確認すること。なお、イの場合にあっては、研修修了証等の写しと研修カリキュラムの写しを添付させることにより確認すること。
 ア.「社会福祉施設の長の資格要件について」(昭和53年2月20日付け社庶第13号社会局長・児童家庭局長通知)に基づく、「施設長資格認定講習会」の課程を修了した者であること。
 イ.都道府県知事は、受験申込者から提出された研修カリキュラムにより次の(ア)および(イ)を確認し、かつ、研修の実施主体が発行した研修の修了を証明する書類により、受講の事実を確認した場合であること。
 (ア)研修時間数が90時間以上であること。
 (イ)研修内容には、保健・医療・福祉に関する科目(相談援助を含む)が含まれていること。

2. 都道府県、市町村、ろうあ者センター、手話通訳派遣センター等において**手話通訳および自立支援のための相談援助を行う者**（社会福祉主事任用資格を有する者または訪問介護員養成研修2級課程に相当する研修を修了した者であって、「手話通訳を行う者の知識及び技能の審査・証明事業の認定に関する規程を定める件」（平成元年5月20日厚生省告示第108号）による試験に合格し、登録された手話通訳士であるものに限る）
（「手話通訳を行う者の知識及び技能の審査・証明事業の認定に関する規程を定める件」（平成元年5月20日厚生省告示第108号）による試験に合格し、登録された手話通訳士であるものが、実施要綱4の（2）ア（ア）の①から④の要件のいずれかを満たした場合*）

●介護等の業務に従事する者の範囲

1. 身体障害者福祉法（昭和24年法律第283号）に規定する身体障害者更生施設（重度の肢体不自由者を入所させて、その更生に必要な治療および訓練を行うものに限る）、身体障害者療護施設、身体障害者授産施設（重度の身体障害者で雇用されることの困難なもの等を入所させて、必要な訓練を行い、かつ、職業を与え、自活させるものに限る）の**寮母**

2. 生活保護法（昭和25年法律第144号）に規定する救護施設、更生施設の**職員のうち、その主たる業務が介護等の業務であるもの**

3. 老人福祉法（昭和38年法律第133号）に規定する老人デイサービスセンター、老人デイサービス事業を行う施設、老人短期入所施設、老人短期入所事業を行う施設、養護老人ホーム、特別養護老人ホームの**職員のうち、その主たる業務が介護等の業務であるもの**

4. 身体障害者福祉法に規定する身体障害者居宅介護等事業、老人福祉法に規定する老人居宅介護等事業、精神保健および精神障害者福祉に関する法律（昭和25年法律第123号）に規定する精神障害者居宅介護等事業、知的障害者福祉法に規定する知的障害者居宅介護等事業の**訪問介護員**

5. 身体障害者福祉法に規定する身体障害者デイサービス事業もしくは身体障害者短期入所事業、精神保健および精神障害者福祉に関する法律に規定する精神障害者短期入所事業、ならびに知的障害者福祉法に規定する知的障害者短期入所事業を行う施設の**職員のうち、その主たる業務が介護等の業務であるもの**

6. 老人福祉法に規定する軽費老人ホームおよび有料老人ホームならびに介護保険法に規定する介護老人保健施設その他の施設であって、入所者のうちに身体上または精神上の障害があることにより日常生活を営むのに支障がある者を含むものの**職員のうち、その主たる業務が介護等の業務であるもの**
    - 「その他の施設」とは、介護福祉士の受験資格の実務経験を定めた「指定施設における業務の範囲および介護福祉士試験の受験資格の認定に係る介護等の業務の範囲について」（昭和63年2月12日付け社庶第30号）の2の（3）のとおりであること。

7. 医療法（昭和23年法律第205号）に規定する療養病床（医療法の一部を改正する法律（平成12年法律第141号。以下「改正法」という）による改正前の医療法（以下「旧医療法」という）に規定する療養型病床群および改正法附則に規定する経過的療養病床群を含む）の病床により構成される病棟または診療所において**看護の補助の業務に従事する者のうち、その主たる業務が介護等の業務であるもの**
    - 業務従事期間の算定は、当該病棟が都道府県知事から療養病床または療養病床群の許可を受けた日以降に従事していた期間が対象となること。（平成5年4月1日以降の制度）
    - 空床時にベッドメーキングや検体の運搬などの間接的な業務のみを行っている者を除く。

8. 介護保険法施行法（平成9年法律第124号）による改正前の老人保健法に規定する看護強化病床により構成される病棟（7に定める病棟を除く）または当該看護強化病床を有する診療所（当該看護強化病床を有する病室に限る）において**看護の補助の業務に従事していた者のうち、その主たる業務が介護等の業務であるもの**
    - 看護強化病棟（療養型病床群を除く）とは、旧医療法に基づく特例許可老人病棟および精神病棟ならびに診療所の一部に対し、診療報酬上、都道府県知事から「老人病棟基本看護（Ⅰ～Ⅲ）」、「老人病棟特例入院医療（Ⅰ～Ⅳ）」、「老人病院入院医療管理（Ⅰ～Ⅳ）」、「老人性痴呆疾患療養病棟入院医療管理（A・B）」、「診療所老人医療管理」の承認等を受けた病棟をいう。
    - 業務従事期間の算定は、当該病棟が都道府県知事から看護強化病棟の承認を受けた日以降に従事していた期間が対象となること（平成4年4月1日以降の制度）。
    - 空床時にベッドメーキングや検体の運搬などの間接的な業務のみを行っている者を除く。

9. 老人診療報酬点数表（告示）において定められた病棟または診療所（7に定める病棟等を除く）のうち、介護力を強化したものにおいて、**その主たる業務が介護等の業務であるもの**
    - 介護力を強化した病棟等とは、旧医療法に基づく特例許可老人病棟および精神病棟ならびに診療所の一部に対し、診療報酬上、都道府県知事に対し「老人病棟入院基本料（1～4）」、「老人性痴呆疾患療養病棟入院医療管理（1・2）」、「診療所老人医療管理」の届出を行った病棟をいう。
    - 業務従事期間の算定は、当該病院が都道府県知事に対し介護力強化病棟の届出を行った日以降に従事していた期間が対象となること。
    - 空床時にベッドメーキングや検体の運搬などの間接的な業務のみを行っている者を除く。

10. 介護保険法に規定する介護療養型医療施設の病棟等（7に定める病棟等を除く）において、**その主たる業務が介護等の業務であるもの**
    - 介護療養型医療施設の病棟とは、都道府県知事に対し「痴呆疾患介護療養施設サービス費（Ⅰ～Ⅳ）」、「介護力強化型介護療養施設サービス費（Ⅰ～Ⅳ）」の届出を行った病棟をいう。
    - 業務従事期間の算定は、当該病院が都道府県知事に対し介護力強化病棟の届出を行った日以降に従事していた期間が対象となること。
    - 空床時にベッドメーキングや検体の運搬などの間接的な業務のみを行っている者を除く。

11. 介護等の便宜を供与する事業を行う者において、主として介護等の業務に従事するもの
   ・事業として継続、反復している事業者に雇用されまたは指揮命令を受けながら従事した者であって、次の業務に従事している者であること。
      ア．市場機構を通じて在宅サービス等を提供しているいわゆる民間事業者において主として介護等の業務に従事する者
      イ．市区町村社会福祉協議会で実施している入浴サービス等に従事している者のうち、その主たる業務が介護等の業務であるもの
      ウ．生活協同組合、農業協同組合で実施している在宅サービス等に従事している者のうち、その主たる業務が介護等の業務であるもの
      エ．法令等に基づかない市町村単独事業で介護等の業務を行っているもの
      オ．平成9年9月末までの特例措置として特例許可老人病棟において活動していた家政婦のうち、その主たる業務が介護等の業務である者
      カ．ボランティア等の公的サービス以外のサービスを行う団体において介護等の業務を行っている者（団体概要および市区町村ボランティアセンター等に登録されている団体についてはその旨の書類を実務経験証明書に添付すること）

12. 個人の家庭において就業する職業安定法施行規則（昭和22年労働省令第12号）第24条第1項第3号に掲げる**家政婦**のうち、**その主たる業務が介護等の業務であるもの**

13. 財団法人労災ケアセンターが受託運営する労働者災害補償保険法（昭和22年法律第50号）第23条第1項第2号に基づき設置された労災特別介護施設の**介護職員**

14. 「重症心身障害児（者）通園事業の実施について」（平成8年5月10日付け児発第496号）別紙（重症心身障害児（者）通園事業実施要綱）に基づく「重症心身障害児（者）通園事業」において**施設の入所者の保護に直接従事する職員**（施設長、医師、看護師、児童指導員および理学療法、作業療法、言語療法等担当職員を除く）

15. 「在宅重度障害者通所援護事業について」（昭和62年8月6日付け社更第185号）別添（在宅重度障害者通所援護事業実施要綱）に基づく「**在宅重度障害者通所援護事業**」を行っている施設の**職員のうち、その主たる業務が介護等の業務であるもの**

16. 「身体障害者自立支援事業の実施について」（平成3年10月7日付け社更第220号）別添（身体障害者自立支援事業実施要綱）に基づく「**身体障害者自立支援事業**」を行っている施設において**介助サービス等を提供する者のうち、その主たる業務が介護等の業務であるもの**

17. 「地域福祉センターの設置運営について」（平成6年6月23日付け社援地第74号）別紙（地域福祉センター設置運営要綱）に基づく地域福祉センターの**職員のうち、その主たる業務が介護等の業務であるもの**

18. 児童福祉法（昭和22年法律第164号）に規定する重症心身障害児施設の**入所者の保護に直接従事する職員のうち、その主たる業務が介護等の業務であるもの**

19. ハンセン病療養所における**介護員等その主たる業務が介護等の業務である者**
      ア．国立ハンセン病療養所にあっては介護員とすること。
      イ．ア以外のハンセン病療養所にあっては、主たる業務が介護等の業務である者とすること。

20. 知的障害児施設および肢体不自由児施設（肢体不自由児通園施設を除く）の**入所者の保護に直接従事する職員のうち、その主たる業務が介護等の業務であるもの**

21. 「知的障害者通所援護事業等助成費の国庫補助について」（昭和54年4月11日付け厚生省発児第67号）別添（知的障害者通所援護事業実施要綱）に基づく「知的障害者通所援護事業」を行っている施設の**職員のうち、その主たる業務が介護等の業務であるもの**

22. 児童福祉法第27条第2項に基づく厚生大臣の指定を受けた国立療養所等の**入所者の保護に直接従事する職員のうち、その主たる業務が介護等の業務であるもの**
   ・児童福祉法第27条第2項に基づく厚生大臣の指定を受けた国立療養所等の保母をいう。

* 実施要綱4の(2)ア(ア)の①とは、社会福祉主事任用資格を取得したこと。同②とは、訪問介護員養成研修2級課程またはこれに相当する研修（社会福祉施設長資格認定講習会等）を修了したこと。同③とは、規定された国家資格を取得したこと。同④とは、施設等での相談援助業務従事者として1年以上勤務したこと。

(2004年3月現在)

介護支援専門員実務研修受講試験受験資格一覧

141

問い合わせ先一覧

介護支援専門員実務研修受講試験についての問い合わせは、
各都道府県庁の担当部署あるいは試験実施機関に。

▼

都道府県	団体・部署名	所在地・ホームページURL	TEL
北海道	北海道庁　保健福祉部介護保険課運営グループ	〒060-8588　北海道札幌市中央区北3条西6丁目 http://www.pref.hokkaido.jp/	(011) 231-4111
青森	青森県庁　健康福祉部高齢福祉保険課 介護保険グループ	〒030-8570　青森県青森市長島1-1-1 http://www.pref.aomori.jp/	(017) 734-9298
岩手	岩手県長寿社会振興財団	〒020-0015　岩手県盛岡市本町通3-19-1 http://www.nenrin.or.jp/iwate/	(019) 626-0196
宮城	宮城県庁　保健福祉部介護保険室 介護保険推進班	〒980-8570　宮城県仙台市青葉区本町3-8-1 http://www.pref.miyagi.jp/	(022) 211-2554
	宮城県社会福祉協議会 介護支援専門員実務研修受講試験実施本部	〒980-0014　宮城県仙台市青葉区本町3-7-4 宮城県社会福祉会館内	(022) 216-5382
秋田	秋田県庁　健康福祉部長寿社会課介護保険班	〒010-8570　秋田県秋田市山王4-1-1 http://www.pref.akita.jp/	(018) 860-1363
	秋田県長寿社会振興財団 研修・相談課介護支援専門員養成事業担当	〒010-1412　秋田県秋田市御所野下堤5-1-1 中央シルバーエリア内 http://www.nenrin.or.jp/akita/	(018) 829-3666
山形	山形県庁　健康福祉部長寿社会課 介護保険推進室	〒990-8570　山形県山形市松波2-8-1 http://www.pref.yamagata.jp/	(023) 630-2189
福島	福島県庁 保健福祉部生活福祉領域介護保険グループ	〒960-8670　福島県福島市杉妻町2-16 http://www.pref.fukushima.jp	(024) 521-7745
	福島県社会福祉協議会　地域福祉課	〒960-8141　福島県福島市渡利字七社宮111 福島県総合社会福祉センター内 http://www.fukushikenshakyo.or.jp/	(024) 523-1252
茨城	茨城県庁　保健福祉部高齢福祉課介護保険室	〒310-8555　茨城県水戸市笠原町978-6 http://www.pref.ibaraki.jp/	(029) 301-3343
栃木	栃木県庁　保健福祉部高齢対策課介護保険班	〒320-8501　栃木県宇都宮市塙田1-1-20 http://www.pref.tochigi.jp/	(028) 623-3148
群馬	群馬県庁　保健福祉部介護保険課	〒371-8570　群馬県前橋市大手町1-1-1 http://www.pref.gunma.jp/	(027) 226-2582
埼玉	埼玉県社会福祉協議会 福祉研修・人材センター研修課	〒330-8529　埼玉県さいたま市浦和区針ヶ谷4-2-65 http://www.fukushi-saitama.or.jp/ saitama	(048) 824-3111
千葉	千葉県庁　健康福祉部保険指導課介護保険室	〒260-8667　千葉県千葉市中央区市場町1-1 http://www.pref.chiba.jp/	(043) 223-2387
東京	東京都庁　福祉局生活福祉部地域福祉推進課 福祉人材対策係	〒163-8001　東京都新宿区西新宿2-8-1 http://www.metro.tokyo.jp/	(03) 5320-4049
神奈川	神奈川県庁 福祉部高齢者保健福祉課管理・計画班	〒231-8588　神奈川県横浜市中区日本大通1 http://www.pref.kanagawa.jp/	(045) 210-4738
新潟	新潟県庁　福祉保健部高齢福祉保健課 介護事業係	〒950-8570　新潟県新潟市新光町4-1 http://www.pref.niigata.jp/	(025) 280-5195

富山	富山県庁　厚生部高齢福祉課介護保険班	〒930-8501　富山県富山市新総曲輪1-7 http://www.pref.toyama.jp/	(076)444-3272
石川	石川県庁 健康福祉部長寿社会課企画・介護予防グループ	〒920-8580　石川県金沢市鞍月2-1-1 http://www.pref.ishikawa.jp/	(076)225-1416
福井	福井県庁　福祉環境部高齢福祉課 介護保険支援室	〒910-8580　福井県福井市大手3-17-1 http://www.pref.fukui.jp/	(0776)20-0333
山梨	山梨県庁 福祉保健部長寿社会課介護サービス振興担当	〒400-8501　山梨県甲府市丸ノ内1-6-1 http://www.pref.yamanashi.jp/	(055)223-1455
	山梨県社会福祉協議会 介護支援専門員実務研修受講試験担当	〒400-0005　山梨県甲府市北新1-2-12 山梨県福祉プラザ内 http://www.y-fukushi.or.jp/	(055)254-9955
長野	長野県庁　社会部高齢福祉課サービス推進係	〒380-8570　長野県長野市大字南長野字幅下692-2 http://www.pref.nagano.jp/	(026)235-7121
岐阜	岐阜県庁　健康福祉環境部介護支援室	〒500-8570　岐阜県岐阜市薮田南2-1-1 http://www.pref.gifu.jp/	(058)272-1111
静岡	静岡県庁　健康福祉部長寿健康総室介護保険室	〒420-8601　静岡県静岡市追手町9-6 http://www.pref.shizuoka.jp/	(054)221-2317
愛知	愛知県庁　健康福祉部高齢福祉課	〒460-8501　愛知県名古屋市中区三の丸3-1-2 http://www.pref.aichi.jp/korei/kaigo	(052)961-2111
	愛知県社会福祉協議会 介護支援専門員実務研修受講試験係	〒460-0002　愛知県名古屋市中区丸の内2-4-7 愛知県社会福祉会館内	(052)231-3224
三重	三重県庁　健康福祉部長寿社会チーム 介護保険グループ	〒514-8570　三重県津市広明町13 http://www.pref.mie.jp/	(059)224-2262
滋賀	滋賀県庁　健康福祉部レイカディア推進課 介護保険担当	〒520-8577　滋賀県大津市京町4-1-1 http://www.pref.shiga.jp/	(077)528-3597
京都	京都府庁　保健福祉部高齢化対策課(介護保険室)	〒602-8570　京都府京都市上京区下立売通新町 西入藪ノ内町 http://www.pref.kyoto.jp/	(075)414-4878
	京都府社会福祉協議会 京都府福祉人材・研修センター	〒604-0874　京都府中京区竹屋町通烏丸東入る 清水町375　ハートピア京都地下1階 http://www.kyoshakyo.or.jp/	(075)252-6297
大阪	大阪府地域福祉推進財団(ファイン財団) 試験係	〒540-0012　大阪府大阪市中央区谷町5-4-13 大阪府谷町福祉センター内 http://www.fine-osaka.jp/	(06)6763-8044
兵庫	兵庫県庁　健康生活部福祉局介護保険課 養成指導係	〒650-8567　兵庫県神戸市中央区下山手通5-10-1 http://web.pref.hyogo.jp/	(078)362-9117
	兵庫県社会福祉協議会　社会福祉研修所 試験・研修係	〒651-0062　兵庫県神戸市中央区坂口通2-1-23	(078)221-9731
奈良	奈良県社会福祉協議会　介護支援専門員試験係	〒634-0061　奈良県橿原市大久保町320-11 奈良県社会福祉総合センター内	(0744)26-0225
和歌山	和歌山県庁　福祉保健部社会福祉局 長寿社会推進課	〒640-8585　和歌山県和歌山市小松原通1-1 http://www.pref.wakayama.lg.jp/	(073)441-2440
鳥取	鳥取県庁　福祉保健部長寿社会課	〒680-8570　鳥取県鳥取市東町1-220 http://www.pref.tottori.jp/kaigo	(0857)26-7860
島根	島根県庁　健康福祉部 高齢者福祉課介護保険担当	〒690-8501　島根県松江市殿町1 http://www.pref.shimane.jp/	(0852)22-6522
岡山	岡山県庁　保健福祉部長寿社会対策課 介護保険推進班	〒700-8570　岡山県岡山市内山下2-4-6 http://www.pref.okayama.jp/	(086)226-7324
広島	広島県社会福祉協議会 介護支援専門員実務研修受講試験窓口	〒732-0816　広島県広島市南区比治山本町12-2 http://www.hiroshima-fukushi.net/	(082)505-2070
山口	山口県庁　健康福祉部高齢保健福祉課介護保険室	〒753-8501　山口県山口市滝町1-1 http://www.pref.yamaguchi.jp/	(083)933-2774

問い合わせ先一覧

徳島	徳島県庁　保健福祉部長寿こども政策局 長寿社会課	〒770-8570　徳島県徳島市万代町1-1 http://www.pref.tokushima.jp/	(088)621-2214
香川	香川県庁　健康福祉部長寿社会対策課	〒760-8570　香川県高松市番町4-1-10 http://www.pref.kagawa.jp	(087)832-3271
愛媛	愛媛県庁　保健福祉部長寿介護課	〒790-8570　愛媛県松山市一番町4-4-2 http://www.pref.ehime.jp/	(089)912-2432
高知	高知県庁　健康福祉部高齢者福祉課	〒780-8570　高知県高知市丸ノ内1-2-20 http://www.pref.kochi.jp/	(088)823-9786
	高知県社会福祉協議会　福祉人材センター	〒780-8567　高知県高知市朝倉丙375-1 高知県立ふくし交流プラザ内 http://www.pippikochi.or.jp/ kochi-welfare/index.htm	(088)844-3511
福岡	福岡県庁　保健福祉部介護保険課	〒812-8577　福岡県福岡市博多区東公園7-7 http://www.pref.fukuoka.jp/	(092)643-3322
佐賀	佐賀県庁　厚生部長寿社会課	〒840-8570　佐賀県佐賀市城内1-1-59 http://www.pref.saga.jp/	(0952)25-7105
	佐賀県社会福祉協議会 介護支援専門員試験事務室	〒840-0021　佐賀県佐賀市鬼丸町7-18　佐賀県社会福祉会館内 http://www.sagaken-shakyo.or.jp/	(0952)23-2206
長崎	長崎県庁　保健福祉部長寿介護政策課	〒850-8570　長崎県長崎市江戸町2-13 http://www.pref.nagasaki.jp/	(095)822-9197
	長崎県社会福祉協議会　福祉研修センター	〒852-8555　長崎県長崎市茂里町3-24 長崎県総合福祉センター内	(095)846-8600
熊本	熊本県社会福祉協議会 福祉・人材研修センター	〒860-0842　熊本県熊本市南千反畑町3-7 熊本県総合福祉センター内 http://www.fukushi-kumamoto.or.jp/	(096)322-8077
大分	大分県庁　福祉保健部高齢者福祉課介護保険係	〒870-8501　大分県大分市大手町3-1-1 http://www2.pref.oita.jp/	(097)532-6106
宮崎	宮崎県庁　福祉保健部介護・国民健康保険課	〒880-8501　宮崎県宮崎市橘通東2-10-1 http://www.pref.miyazaki.jp/	(0985)26-7063
鹿児島	鹿児島県社会福祉協議会 福祉人材・研修センター介護支援専門員試験事務室	〒890-8517　鹿児島県鹿児島市鴨池新町1-7 鹿児島県社会福祉センター6階 http://www.kaken-shakyo.jp/	(099)258-1172
沖縄	沖縄県庁　福祉保健部長寿社会対策室 介護企画班	〒900-8570　沖縄県那覇市泉崎1-2-2 http://www.pref.okinawa.jp/index.html	(098)866-2214
	沖縄県社会福祉協議会 介護支援専門員実務研修受講試験係	〒903-8603　沖縄県那覇市首里石嶺町4-373-1 http://www.okishakyo.or.jp/	(098)887-2000

(2004年3月現在)

就職先を探すリスト

仕事を探すときには、福祉系の人材登録センターが情報がたくさん集まっていて便利です。
最寄りの窓口へまずは出かけてみては。

▼

●福祉重点ハローワーク

都道府県	名称	所在地	TEL
北海道	札幌公共職業安定所	〒064-8609 北海道札幌市中央区南10条西14丁目	(011)562-0101
青森	青森公共職業安定所	〒030-0822 青森県青森市中央2-10-10	(017)776-1561(代)
岩手	盛岡公共職業安定所	〒020-0885 岩手県盛岡市紺屋町7-26	(019)651-8811
宮城	仙台公共職業安定所	〒983-0852 宮城県仙台市宮城野区榴岡4-2-3 仙台MTビル	(022)299-8811(代)
秋田	秋田公共職業安定所	〒010-0065 秋田県秋田市茨島1-12-16	(018)864-4111(代)
山形	山形公共職業安定所	〒990-0813 山形県山形市檜町2-6-13	(023)684-1521(代)
福島	福島公共職業安定所	〒960-8589 福島県福島市狐塚17-40	(024)534-4121
茨城	水戸公共職業安定所	〒310-8509 茨城県水戸市水府町1573-1	(029)231-6221
栃木	宇都宮公共職業安定所	〒320-0845 栃木県宇都宮市明保野町1-4 宇都宮第2地方合同庁舎1階	(028)638-0369
群馬	前橋公共職業安定所	〒379-2154 群馬県前橋市天川大島町130-1	(027)290-2111
埼玉	浦和公共職業安定所	〒330-0061 埼玉県さいたま市浦和区常盤5-8-1	(048)832-2461
千葉	千葉公共職業安定所	〒261-0001 千葉県千葉市美浜区幸町1-1-3	(043)242-1181～4
東京	池袋公共職業安定所	〒170-6026 東京都豊島区池袋3-1-1 サンシャイン60 26階	(03)5911-8609
神奈川	横浜公共職業安定所	〒231-0005 神奈川県横浜市中区本町3-30	(045)663-8609(代)
山梨	甲府公共職業安定所	〒400-0851 山梨県甲府市住吉1-17-5	(055)232-6060
長野	松本公共職業安定所	〒390-0828 長野県松本市庄内3-6-21	(026)327-0111
新潟	新潟公共職業安定所	〒950-8532 新潟県新潟市万代3-4-38	(025)244-0131(代)
富山	富山公共職業安定所	〒930-0857 富山県富山市奥田新町45	(076)431-8609(代)
石川	金沢公共職業安定所	〒920-8609 石川県金沢市鳴和1-18-42	(076)253-3030(代)
福井	福井公共職業安定所	〒910-8509 福井県福井市大手2-22-18	(0776)23-0174(代)
岐阜	岐阜公共職業安定所	〒500-8157 岐阜県岐阜市五坪町1450-21 岐阜労働総合庁舎内	(058)247-3211
静岡	静岡公共職業安定所	〒422-8045 静岡県静岡市西島235-1	(054)238-8609(代)
愛知	名古屋中公共職業安定所	〒450-0003 愛知県名古屋市中村区名駅南1-21-5	(052)582-8171
三重	津公共職業安定所	〒514-8521 三重県津市島崎町327-1	(059)228-9161～3
滋賀	大津公共職業安定所	〒520-0043 滋賀県大津市中央4-6-52	(077)522-3773(代)
京都	京都西陣公共職業安定所	〒602-8258 京都府京都市上京区大宮通中立売下ル和水町439-1	(075)451-8609(代)
大阪	阿部野公共職業安定所	〒545-0004 大阪府大阪市阿部野区文の里1-4-2	(06)6628-5051
兵庫	神戸公共職業安定所	〒650-0025 兵庫県神戸市中央区相生町1-3-1	(078)362-8609(代)
奈良	奈良公共職業安定所	〒630-8113 奈良県奈良市法蓮町387 奈良第3地方合同庁舎	(0742)36-1601(代)
和歌山	和歌山公共職業安定所	〒640-8331 和歌山県和歌山市美園町5-4-7	(073)425-8609
鳥取	鳥取公共職業安定所	〒680-0845 鳥取県鳥取市富安2-89	(0857)23-2021(代)
島根	松江公共職業安定所	〒690-0001 島根県松江市東朝日町76	(0852)23-2011

岡山	岡山公共職業安定所	〒700-0971 岡山県岡山市野田1-1-20	(086)241-3222(代)
広島	広島東公共職業安定所	〒732-0051 広島県広島市東区光が丘13-7	(082)264-8609
山口	山口公共職業安定所	〒753-0064 山口県山口市神田町1-75	(083)922-0043
徳島	徳島公共職業安定所	〒770-0823 徳島県徳島市出来島本町1-5	(088)622-6305〜8
香川	高松公共職業安定所	〒760-0062 香川県高松市花ノ宮町2-2-3	(087)869-8609(代)
愛媛	松山公共職業安定所	〒790-8522 愛媛県松山市宮田町188-6	(089)932-1010
高知	高知公共職業安定所	〒780-8560 高知県高知市稲荷町6-20	(088)883-2521
福岡	福岡中央公共職業安定所	〒810-8609 福岡県福岡市中央区赤坂1-6-19	(092)712-8609
佐賀	佐賀公共職業安定所	〒840-0814 佐賀県佐賀市成章町5-21	(0952)24-4361〜4
長崎	長崎公共職業安定所	〒852-8522 長崎県長崎市宝栄町4-25	(095)862-8609(代)
熊本	熊本公共職業安定所	〒862-0971 熊本県熊本市大江6-1-38	(096)371-8609(代)
大分	大分公共職業安定所	〒870-8555 大分県大分市都町4-1-20	(097)534-8609
宮崎	宮崎公共職業安定所	〒880-8533 宮崎県宮崎市柳丸町131	(0985)23-2245(代)
鹿児島	鹿児島公共職業安定所	〒890-8555 鹿児島県鹿児島市下荒田1-43-28	(099)250-6060
沖縄	那覇公共職業安定所	〒900-8601 沖縄県那覇市おもろまち1-3-25	(098)866-8609

(2003年10月現在)

●福祉人材センター

都道府県	所在地・URL	TEL
中央	〒100-8980 東京都千代田区霞が関3-3-2 新霞が関ビル 全国社会福祉協議会内 http://www.shakyo.or.jp/hot/cgi/index01.asp?asp=1	(03)3581-7801
北海道	〒060-0002 北海道札幌市中央区北2条西7 かでる2・7 3階 http://www.dosyakyo.or.jp/	(011)272-6662
青森	〒030-0822 青森県青森市中央3-20-30 県民福祉プラザ2階 http://www.infoaomori.ne.jp/aosyakyo/	(017)777-0012
岩手	〒020-0831 岩手県盛岡市三本柳8-1-3 ふれあいランド岩手内 http://www04.kpj.co.jp/ivolun/jinzai/	(019)637-4522
宮城	〒980-0014 宮城県仙台市青葉区本町3-7-4 宮城県社会福祉会館1階 http://www.cc.rim.or.jp/~mswc/	(022)262-9777
秋田	〒010-0922 秋田県秋田市旭北栄町1-5 秋田県社会福祉会館5階 http://www.akitakenshakyo.or.jp/	(018)864-2880
山形	〒990-0021 山形県山形市小白川町2-3-31 山形県総合社会福祉センター1階 http://www.dewa.or.jp/syakyo-1/jinzai/	(023)633-7739
福島	〒960-8141 福島県福島市渡利七社宮111 福島県総合社会福祉センター内 http://www.fukushimakenshakyo.or.jp/jinzai/	(024)521-5662
茨城	〒310-0851 茨城県水戸市千波町1918 茨城県総合福祉会館内 http://www.ibaraki-welfare.or.jp/	(029)244-4544
栃木	〒320-8508 栃木県宇都宮市若草1-10-6 とちぎ福祉プラザ内 http://www.tochigishakyo.or.jp/	(028)643-5622
群馬	〒371-8525 群馬県前橋市新前橋町13-12 群馬県社会福祉総合センター2階 http://www5.wind.ne.jp/gunma-syakyou/	(027)255-6600
埼玉	〒330-8529 埼玉県さいたま市浦和区針ヶ谷4-2-65 彩の国すこやかプラザ1階 http://www.fukushi-saitama.or.jp/	(048)833-8033
千葉	〒260-8508 千葉県千葉市中央区千葉港4-3 千葉県社会福祉センター内 http://www.chibakenshakyo.com/html/a/f-fukusi.htm	(043)248-1294
東京	〒162-0823 東京都新宿区神楽河岸1-1 セントラルプラザ5階 http://www.tcsw.tvac.or.jp/	(03)5261-1611
神奈川	〒221-0844 神奈川県横浜市神奈川区沢渡4-2 神奈川県社会福祉会館1階 http://www.progress.co.jp/members/jinsyakyo/	(045)311-1428
山梨	〒400-0005 山梨県甲府市北新1-2-12 山梨県福祉プラザ4階 http://www.comlink.ne.jp/~fukushi/	(055)254-8654

長野	〒380-0928 長野県長野市若里1570-1　長野県社会福祉総合センター4階 http://www.nsyakyo.or.jp/	(026)226-7330
新潟	〒950-8575 新潟県新潟市上所2-2-2　新潟ユニゾンプラザ3階 http://www.fukushiniigata.or.jp/	(025)281-5523
富山	〒930-0094 富山県富山市安住町5-21　サンシップとやま2階 http://www.fitweb.or.jp/t-fukusi	(076)432-6156
石川	〒920-0964 石川県金沢市本多町3-1-10　石川県社会福祉会館2階 http://po4.nsk.ne.jp/csw-isk/	(076)234-1151
福井	〒910-8516 福井県福井市光陽2-3-22　福井県社会福祉センター3階 http://www.f-shakyo.or.jp/	(0776)21-2294
岐阜	〒500-8385 岐阜県岐阜市下奈良2-2-1　岐阜県福祉農業会館6階 http://www.mirai.ne.jp/%7Esyakyo	(058)276-2510
静岡	〒420-0856 静岡県静岡市駿府町1-70　静岡県総合社会福祉会館内 http://www.shizuokakenshakyou.com/	(054)271-2110
愛知	〒460-0002 愛知県名古屋市中区丸の内2-4-7　愛知県社会福祉会館内 http://www.aichi-fukushi.or.jp/	(052)231-3224
三重	〒514-8552 三重県津市桜橋2-131　三重県社会福祉会館4階 http://www.miewel.or.jp/	(059)224-1082
滋賀	〒525-0072 滋賀県草津市笠山7-8-138　滋賀県立長寿社会福祉センター内 http://www.shigashakyo.jp/	(077)567-3925
京都	〒604-0874 京都府京都市中京区竹屋町通烏丸東入ル清水町375　ハートピア京都5階 http://www.kyoshakyo.or.jp/	(075)252-6297
大阪	〒542-0065 大阪府大阪市中央区中寺1-1-54　大阪社会福祉指導センター内 http://www.osakafusyakyo.or.jp/	(06)6762-9020
兵庫	〒651-0062 兵庫県神戸市中央区坂口通2-1-18　兵庫県福祉センター1階 http://www.hyogo-wel.or.jp/	(078)271-3881
奈良	〒634-0061 奈良県橿原市大久保町320-11　奈良県社会福祉総合センター内 http://www.nara-shakyo.jp/	(0744)29-0160
和歌山	〒640-8319 和歌山県和歌山市手平2-1-2　県民交流プラザ和歌山ビッグ愛6階 http://www.wakayamakenshakyo.or.jp/	(073)435-5211
鳥取	〒689-0201 鳥取県鳥取市伏野1729-5　鳥取県立福祉人材研修センター http://www.tottori-wel.or.jp/	(0857)59-6336
島根	〒690-0011 島根県松江市東津田町1741-3　いきいきプラザ島根5階 http://www.web-sanin.co.jp/shimane-pre/hukushi/	(0852)32-5957
岡山	〒700-0813 岡山県岡山市石関町2-1　岡山県総合福祉会館6階 http://www.fukushiokayama.or.jp/	(086)233-7004
広島	〒732-0816 広島県広島市南区比治山本町12-2　広島県社会福祉会館内 http://www.hiroshima-fukushi.net/	(082)256-4848
山口	〒753-0072 山口県山口市大手町9-6　ゆ～あいプラザ山口県社会福祉会館内 http://www.yamaguchikensyakyo.jp/	(083)922-6200
徳島	〒770-0943 徳島県徳島市中昭和町1-2　徳島県立総合福祉センター3階 http://www.tokushakyo.jp/ainet	(088)625-2040
香川	〒760-0017 香川県高松市番町1-10-35　香川県社会福祉総合センター4階 http://www.kagawaken-shakyo.or.jp/	(087)833-0250
愛媛	〒790-8553 愛媛県松山市持田町3-8-15　愛媛県総合社会福祉会館内 http://www.ehime-shakyo.or.jp/jinzai/top.htm	(089)921-5344
高知	〒780-8567 高知県高知市朝倉戊375-1　ふくし交流プラザ	(088)844-3511
福岡	〒816-0804 福岡県春日市原町3-1-7　クローバープラザ2階 http://www.fsw.or.jp/kensyakyo	(092)584-3310
佐賀	〒840-0021 佐賀県佐賀市鬼丸町7-18　佐賀県社会福祉会館内 http://www2.saganet.ne.jp/knshakyo/jinzai/jinzaicenter.html	(0952)28-3406
長崎	〒852-8555 長崎県長崎市茂里町3-24　長崎県総合福祉センター内 http://www.nagasaki-pref-shakyo.jp/	(095)846-8656
熊本	〒860-0842 熊本県熊本市南千反畑町3-7　熊本県社会福祉センター内 http://www.fukushi-kumamoto.or.jp/	(096)322-8077
大分	〒870-0161 大分県大分市明野東3-4-1　大分県社会福祉介護研修センター内 http://www.okk.or.jp/	(097)552-7000
宮崎	〒880-8515 宮崎県宮崎市原町2-22　宮崎県福祉総合センター人材研修館内 http://www.mkensha.or.jp/	(0985)32-9740

就職先を探すリスト

鹿児島	〒890-8517 鹿児島県鹿児島市鴨池新町1-7 鹿児島県社会福祉センター内 http://www.kaken-shakyo.jp/	(099)258-7888
沖縄	〒903-8603 沖縄県那覇市首里石嶺町4-373-1 沖縄県総合福祉センター内 http://www.okishakyo.or.jp/frame.html	(098)882-5703

(2003年10月現在)

●福祉人材バンク

都道府県	名称	所在地・URL	TEL
北海道	函館市福祉人材バンク	〒040-0063 北海道函館市若松町33-6 函館市総合福祉センター	(0138)23-8546
	旭川市福祉人材バンク	〒070-0035 北海道旭川市5条通4丁目 旭川市ときわ市民ホール1階	(0166)23-0138
	釧路市福祉人材バンク	〒085-0011 北海道釧路市旭町12-3 釧路市総合福祉センター	(0154)24-1686
	帯広市福祉人材バンク	〒080-0014 北海道帯広市西4条南9-1 帯広市福祉会館	(0155)27-2525
	北見市福祉人材バンク	〒090-0065 北海道北見市寿町3-4-1 北見市総合福祉会館1階	(0157)22-8046
	苫小牧市福祉人材バンク	〒053-0021 北海道苫小牧市若草町3-3-8 苫小牧市民活動センター1階	(0144)32-7111
青森	弘前市福祉人材バンク	〒036-8063 青森県弘前市宮園2-8-1	(0172)36-1830
	八戸福祉人材バンク	〒039-1166 青森県八戸市根城8-8-155	(0178)47-2940
岩手	水沢市福祉人材バンク	〒023-0851 岩手県水沢市南町5-12 水沢市福祉センター内	(0197)25-6025
	花巻市福祉人材バンク	〒025-0095 岩手県花巻市石神町364 花巻市総合福祉センター内	(0198)24-7222
	一関市福祉人材バンク	〒021-0877 岩手県一関市城内1-36 一関市総合福祉センター内	(0191)31-3320
群馬	高崎市福祉人材バンク	〒370-0045 群馬県高崎市東町80-1 高崎市労使会館1階	(027)324-2761
	太田市福祉人材バンク	〒373-0853 群馬県太田市浜町2-35	(0276)48-9599
神奈川	川崎市福祉人材バンク	〒210-0024 神奈川県川崎市川崎区日進町5-1 川崎市社会福祉センター3階 http://csw-kawasaki.or.jp/jinzai/	(044)211-0211
福井	嶺南福祉人材バンク	〒914-0047 福井県敦賀市東洋町4-1 敦賀市福祉総合センター「あいあいプラザ」内 http://www5.ocn.ne.jp/~t-shakyo/jinzaibank.htm	(0770)22-3133
岐阜	東濃福祉人材バンク	〒507-0801 岐阜県多治見市東町1-9-3 美濃焼センター内 http://www.pref.gifu.jp/s22807/bank.htm	(0572)25-0294
静岡	浜松市福祉人材バンク	〒432-8025 静岡県浜松市栄町128 http://www.shakyo.or.jp/hot/	(053)458-9205
	静岡県福祉人材センター東部支所	〒410-0801 静岡県沼津市大手町1-1-3 静岡県東部地域交流プラザ（パレット）2階	(055)952-2942
愛知	豊橋市福祉人材バンク	〒440-0806 愛知県豊橋市八町通5-9	(0532)52-6189
	小牧市福祉人材バンク	〒485-0041 愛知県小牧市小牧5-407	(0568)77-0123
大阪	八尾市福祉人材バンク	〒581-0003 大阪府八尾市本町2-4-10 市立社会福祉会館内	(0729)24-0957
兵庫	姫路市福祉人材バンク	〒670-0955 兵庫県姫路市安田3-1	(0792)84-9988
	西宮市福祉人材バンク	〒663-8233 兵庫県西宮市津門川町2-28	(0798)34-7828
和歌山	紀南福祉人材バンク	〒646-0031 和歌山県田辺市湊1619-8 田辺市民総合センター内 http://www.aikis.or.jp/~syakyou/bank.htm	(0739)26-4918
島根	島根県福祉人材センター石見分室	〒697-0016 島根県浜田市野原町1826-1 いわみーる2階	(0855)24-9340
岡山	倉敷福祉人材バンク	〒710-0055 岡山県倉敷市阿知1-7-2-803 くらしきシティプラザ西ビル8階	(086)427-3236
	津山福祉人材バンク	〒708-0004 岡山県津山市山北520 http://www.fukushiokayama.or.jp/Tuyama/jinzai/jinzai.htm	(0868)23-5130
広島	呉市福祉人材バンク	〒737-8517 広島県呉市本町9-21 すこやかセンターくれ別館内	(0823)25-8590
	福山市福祉人材バンク	〒720-8512 広島県福山市三吉町南2-11-22 福山すこやかセンター内	(084)928-1330
山口	下関市福祉人材バンク	〒751-0823 山口県下関市貴船町3-4-1 下関社会福祉センター内	(0832)32-2001

	名称	〒 住所	電話
	岩国市福祉人材バンク	〒740-0018 山口県岩国市麻里布7-1-2　岩国市福祉会館内	(0827)22-5877
香川	善通寺市福祉人材バンク	〒765-0013 香川県善通寺市文京町2-1-4	(0877)62-1614
	観音寺福祉人材バンク	〒768-0067 香川県観音寺市坂本町1-1-6 観音寺市社会福祉センター内	(0875)25-7773
高知	安芸福祉人材バンク	〒784-0007 高知県安芸市寿町2-8	(0887)34-3540
	幡多福祉人材バンク	〒787-0012 高知県中村市右山五月町8-3	(0880)35-5514
福岡	北九州市福祉人材バンク	〒804-0067 福岡県北九州市戸畑区汐井町1-6　ウェルとばた8階	(093)881-0901
	筑後地区福祉人材バンク	〒830-0026 福岡県久留米市長門石町1-1-34　総合福祉センター内	(0942)34-3035
	筑豊地区福祉人材バンク	〒820-0011 福岡県飯塚市大字柏の森956-4	(0948)23-2210
	京築地区福祉人材バンク	〒824-0063 福岡県行橋市大字中津熊501　ウィズゆくはし内	(0930)23-8495
長崎	佐世保福祉人材バンク	〒857-0028 長崎県佐世保市八幡町6-1　佐世保市社会福祉協議会内	(0956)23-3174
大分	日田市福祉人材バンク	〒877-0012 大分県日田市淡窓1-1-1　日田市役所別館	(0973)24-7590
沖縄	名護市福祉人材バンク	〒905-0014 沖縄県名護市港2-1-1　名護市民会館内福祉センター	(0980)53-4142

(2003年10月現在)

執筆●梅方久仁子
本文イラスト●山口　朗
DTP●[D-Rise]
編集協力●青木佳奈子
取材協力●社会福祉法人若竹大寿会／財団法人太田綜合病院附属桔梗指定居宅介護支援事業所／涌谷町町民医療福祉センター／城東社会保険介護老人保健施設サンビュー城東／上野市社会福祉協議会在宅介護支援センターふれあい／医療法人財団新誠会たいとう診療所・訪問看護ステーションわっか／社会福祉法人普門会にしき苑／社会福祉法人小田原福祉会潤生園高齢者総合サービスセンター・小田原市鴨宮ケアセンター／特定非営利活動法人ワーカーズ・コレクティブ想／社会福祉法人慈恵会
企画編集・デザイン●SIXEEDS

監修者紹介

特定非営利活動法人 日本介護支援協会

介護保険事業の基盤となる居宅介護支援事業者と介護支援専門員、居宅サービス事業者一丸となって介護制度の円滑な運営を確保することを目標に任意団体として2000年2月結成。2002年1月特定非営利活動法人認証を受ける。介護支援専門員の資質向上、身分保証を活動目標のひとつに掲げる。現在までに4回のケアマネジャー研修を開催、最新情報の提供、意見集約、制度改革への働きかけなどを通して、ケアマネジャーをサポートする全国ネット組織として、重要な役割を担う。
会長・中村博彦（全国老人福祉施設協議会会長）
〒100-0014　東京都千代田区永田町2-10-2　秀和永田町TBRビル801
TEL（03）5251-5433　FAX（03）5251-5434

まるごとガイドシリーズ⑨
ケアマネジャー（介護支援専門員）まるごとガイド

2001年12月10日　初版第1刷発行　　　　　　検印廃止
2006年6月1日　初版第3刷発行

定価はカバーに表示しています

監修者　日本介護支援協会
発行者　杉　田　啓　三
印刷者　岡　田　幹　夫

発行所　株式会社　ミネルヴァ書房

607-8494　京都市山科区日ノ岡堤谷町1
電話代表（075）581-5191番
振替口座01020-0-8076番

©SIXEEDS,2001　　　　　　　ワコープラネット

ISBN4-623-03552-2
Printed in Japan

福祉の「しごと」と資格まるごとガイド

監修　田端光美
Ａ５判・324頁・1800円

まるごとガイドシリーズ

○一冊で資格のいかし方、職場生活の実態、将来性、資格取得情報を網羅。
○豊富な現場取材・客観的な統計・確かな情報で、職場のさまざまな現実と働く人の実感を伝える。

Ａ５判・全巻平均148頁
①～④1200円　⑤～⑦、⑨～⑭、⑯、⑰1500円

❶社会福祉士まるごとガイド〔改訂版〕　監修　日本社会福祉士会
❷介護福祉士まるごとガイド〔改訂版〕　監修　日本介護福祉士会
❸ホームヘルパーまるごとガイド〔改訂版〕　監修　井上千津子
❹保育士まるごとガイド〔改訂版〕　監修　全国保育士養成協議会
❺理学療法士まるごとガイド〔改訂版〕　監修　日本理学療法士協会
❻作業療法士まるごとガイド　監修　日本作業療法士協会
❼看護婦・士まるごとガイド　監修　日本看護協会
❾ケアマネジャー（介護支援専門員）まるごとガイド　監修　日本介護支援協会
❿ボランティアまるごとガイド　監修　安藤雄太
⓫栄養士・管理栄養士まるごとガイド　監修　香川芳子
⓬盲導犬・聴導犬・介助犬訓練士まるごとガイド　監修　日比野清
⓭言語聴覚士まるごとガイド　監修　日本言語聴覚士協会
⓮歯科衛生士・歯科技工士まるごとガイド　監修　日本歯科衛生士会　日本歯科技工士会
⓰精神保健福祉士まるごとガイド　監修　日本精神保健福祉士協会
⓱福祉住環境コーディネーターまるごとガイド　監修　高齢社会の住まいをつくる会

以下続刊
⑧臨床心理士まるごとガイド
⑮福祉レクリエーションワーカーまるごとガイド
⑱義肢装具士まるごとガイド
⑲手話通訳士まるごとガイド
⑳セラピスト〔音楽療法士・園芸療法士・その他〕まるごとガイド

白抜き数字は既刊／価格は本体価格

ミネルヴァ書房
http://www.minervashobo.co.jp/